LES SEIGNEURS
DES GRANDS TOURS

ISBN : 978-2-263-18609-7
Code éditeur : L18609
Dépôt légal : avril 2024

Direction : Didier Férat
Direction éditoriale : Jean-Philippe Bouchard
Direction d'ouvrage et réalisation : Oval Lab
Fabrication : Emmanuelle Laine
Photogravure : Chromostyle
Imprimé en France par PPO en mars 2024

Pierre AMMICHE

LES SEIGNEURS
DES GRANDS TOURS

SOLAR

Groupama
FDJ
lapierre

UN STATUT À PART

Arnaud
DÉMARE

Triple champion de France (2014, 2017 et 2020), le sprinter a gagné Milan-San Remo (2016) et le classement par points du Giro (2020 et 2022). Pour intégrer les Seigneurs, il doit encore lever les bras sur la Vuelta (8 victoires d'étapes sur le Giro, 2 sur le Tour).

Quand je ferme les yeux, je le vois. Ce sprint parfait. Celui qui va me conduire à la victoire. Gagner. Je connais ce final. Celui qui va valider tout le travail de la journée, de la semaine, de l'année. De ma vie, peut-être. Celui qui va récompenser mes coéquipiers qui méritent la victoire autant que moi. Ce sprint idéal va me rendre fier, je le sais. Il est limpide. Clair. Évident. À 2 kilomètres, ça frotte beaucoup. C'est compact. Épais. Ça crie, je vois des équipiers qui s'écartent et que je croise. Ils ont été happés, d'un coup, par le peloton. Je ne pense pas encore au sprint. Je ne pense qu'à garder la roue de mon poisson-pilote. Garder la roue. Garder la roue. Garder la roue. C'est devenu une obsession.

Ça y est, 1 200 mètres à faire. On va commencer à mettre en route. Il y a encore trois coureurs devant moi. J'espère que celui qui prend le manche va nous sortir de là. Allez mon ami, accélère. Sors-nous de la boule. J'ai envie que tout ça s'étire, se tende. Mes jambes se mettent à tourner vite. La fréquence n'est plus la même. Le bruit est terrible. Le cliquetis des chaînes et des dérailleurs, le frottement de l'air. D'ailleurs, je commence à sentir le vent sur mon casque, mes épaules. Je m'accroupis au maximum. Être « aéro ». Je sens que, dans mon dos, on se bat pour prendre ma roue. Des adversaires essayent de nous passer devant. La flamme rouge arrive, elle est juste là.

Plus que 1 000 mètres. Je suis en alerte. Les barrières filent à toute vitesse. Tout devient flou. Je ne peux plus rien distinguer. Un de mes coéquipiers s'écarte. Plus que 800 mètres. Nous sommes en tête. Allez, il faut tenir ! À 500 mètres, ma fusée perd encore un étage. On accélère encore ! Nous frôlons les 75 km/h. Les équipiers des autres sprinters remontent sur ma droite. J'entends leur souffle. Ils sont là, tout près, à quelques centimètres de nous. Mais ils butent sur mon poisson-pilote. Je le sens, je le sais, c'est le moment : il faut bondir.

Je déclenche mon sprint. Et, tout de suite, je sens que ça répond bien. J'ai de la force. Je n'ai même pas besoin de toucher à mes vitesses. Je vais tenir cette cadence sur les vingt prochaines secondes. Je vais même en remettre un petit peu. À 100 mètres, il reste encore 18, peut-être 20 coups de pédale à donner. Dans dix secondes, c'est la victoire ou la défaite. Je jette mon vélo. Et je peux savourer. J'ai gagné. Tout ce travail, tous ces sacrifices, toutes ces heures de souffrance pour ces quelques secondes de bonheur. Une vie entière pour vivre ce moment éphémère, mais si puissant.

Ce sprint parfait, c'est vrai, j'aimerais le réaliser sur la Vuelta. C'est la dernière victoire qui me manque sur les Grands Tours. J'en ai envie, autant que d'atteindre la barre des 100 victoires. Peut-être parce que c'est ça, mon moteur intime. C'est ça qui me fait gagner des courses. Je veux marquer, à mon échelle, l'histoire du cyclisme. Cette victoire sur la Vuelta est devenue, avec le temps, un objectif dans ma carrière. Gagner sur les trois Grands Tours est si difficile, si rare.

Comme vous allez pouvoir le lire et le comprendre au fil de ce livre, ils ne sont que 106 coureurs à l'avoir fait au moment où j'écris ces lignes. C'est si peu, au regard des années écoulées et des coureurs qui ont tenté de le faire. Pour entrer dans cette catégorie, il faut probablement des qualités rares et un talent peu commun. Il faut, peut-être, être d'une race spéciale. Celle des Seigneurs du vélo. Un statut à part qui pourrait me tendre les bras. À moi, désormais, de pousser la porte de ce club fermé.

DATA CENTER

1/ LES SEIGNEURS DES SEIGNEURS

2/ LES PIONNIERS

3/ LES SPRINTERS

4/ LES SEIGNEURS DE FRANCE

5/ LES CHASSEURS D'ÉTAPES

6/ LES GRIMPEURS DE TALENT

7/ LES TROIS PRINCES

8/ LES BANNIS

9/ LES PAS LOIN

DATA CENTER

LE GRATIN DES SEIGNEURS

Aperçu de ces prodiges d'une autre trempe qui trustent les sommets et les records sur les trois Grands Tours confondus ou sur un seul d'entre eux.

TOP SUR LES TROIS GRANDS TOURS

ÉTAPES	
64	Eddy Merckx (Belgique)
57	Mario Cipollini (Italie)
54	Mark Cavendish (Grande-Bretagne)
48	Alessandro Petacchi (Italie)
41	Bernard Hinault (France)
37	Rik Van Looy (Belgique)
35	Freddy Maertens (Belgique)
27	Marino Basso (Italie)
27	Francesco Moser (Italie)
26	Guido Bontempi (Italie)
26	Miguel Poblet (Espagne)

TOP TOUR DE FRANCE

Étapes	Coureur
34	Eddy Merckx (Belgique)
34	Mark Cavendish (Grande-Bretagne)
28	Bernard Hinault (France)
16	Jacques Anquetil (France)
15	Freddy Maertens (Belgique)
14	Marcel Kittel (Allemagne)
12	Mario Cipollini (Italie)
12	Peter Sagan (Slovaquie)
11	André Greipel (Allemagne)

TOP GIRO

Étapes	Coureur
42	Mario Cipollini (Italie)
24	Eddy Merckx (Belgique)
23	Francesco Moser (Italie)
22	Roger De Vlaeminck (Belgique)
22	Alessandro Petacchi (Italie)
20	Miguel Poblet (Espagne)
17	Mark Cavendish (Grande-Bretagne)
16	Guido Bontempi (Italie)
15	Rik Van Steenbergen (Belgique)
15	Marino Basso (Italie)

TOP VUELTA

Étapes	Coureur
20	Alessandro Petacchi (Italie)
18	Rik Van Looy (Belgique)
18	Laurent Jalabert (France)
14	Gerben Karstens (Pays-Bas)
13	Freddy Maertens (Belgique)
13	Tony Rominger (Suisse)
12	Marcel Wüst (Allemagne)
12	Alejandro Valverde (Espagne)
12	Primož Roglič (Slovénie)

UN CLUB QUI GRANDIT

Inaugurée en 1955 par Fiorenzo Magni puis Bernardo Ruiz, la liste des Seigneurs compte aujourd'hui… plus d'une centaine de prestigieux membres.

LES PREMIERS ARRIVÉS

MEMBRE #1 › Fiorenzo **MAGNI** (Italie)
Intronisé le 30 avril 1955 / 7e étape de la Vuelta

MEMBRE #2 › Bernardo **RUIZ** (Espagne)
Intronisé le 24 mai 1955 / 10e étape du Giro

MEMBRE #3 › Rik **VAN STEENBERGEN** (Belgique)
Intronisé le 26 avril 1956 / 1re étape de la Vuelta

MEMBRE #4 › Hugo **KOBLET** (Suisse)
Intronisé le 5 mai 1956 / 9e étape de la Vuelta

MEMBRE #5 › Miguel **POBLET** (Espagne)
Intronisé le 22 mai 1956 / 4e étape du Giro

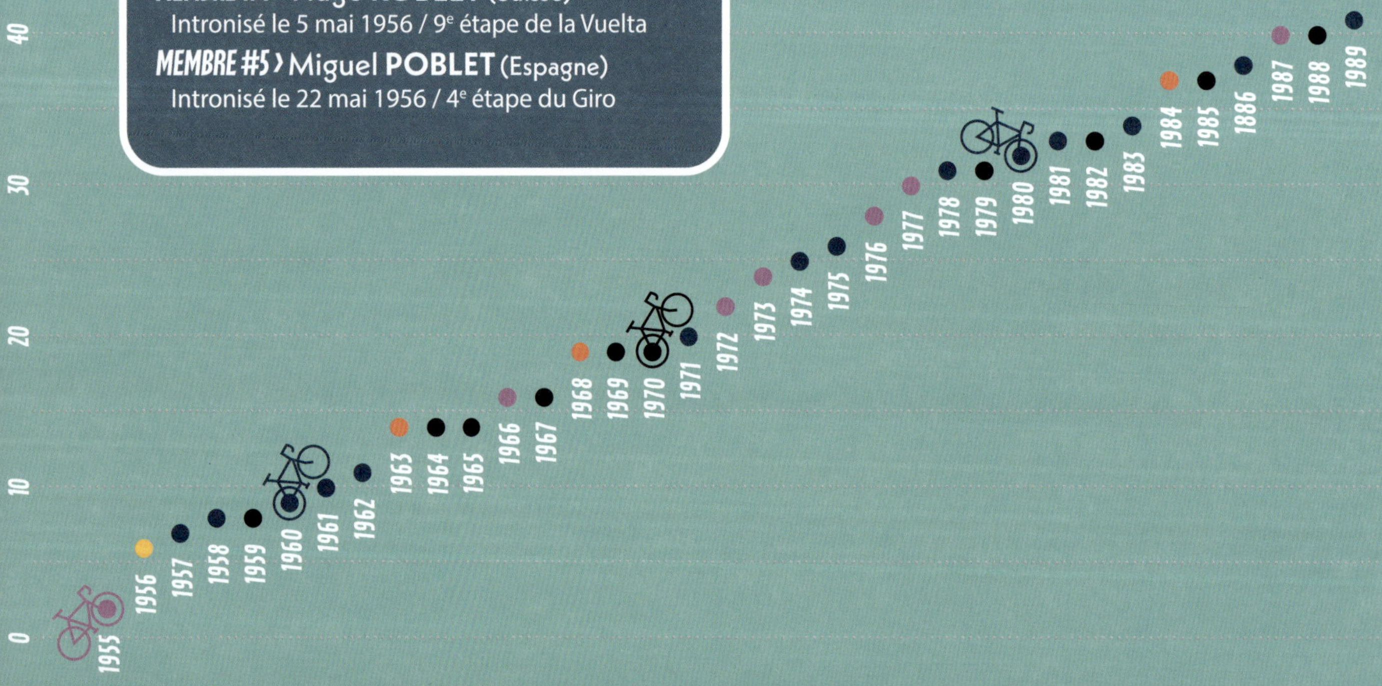

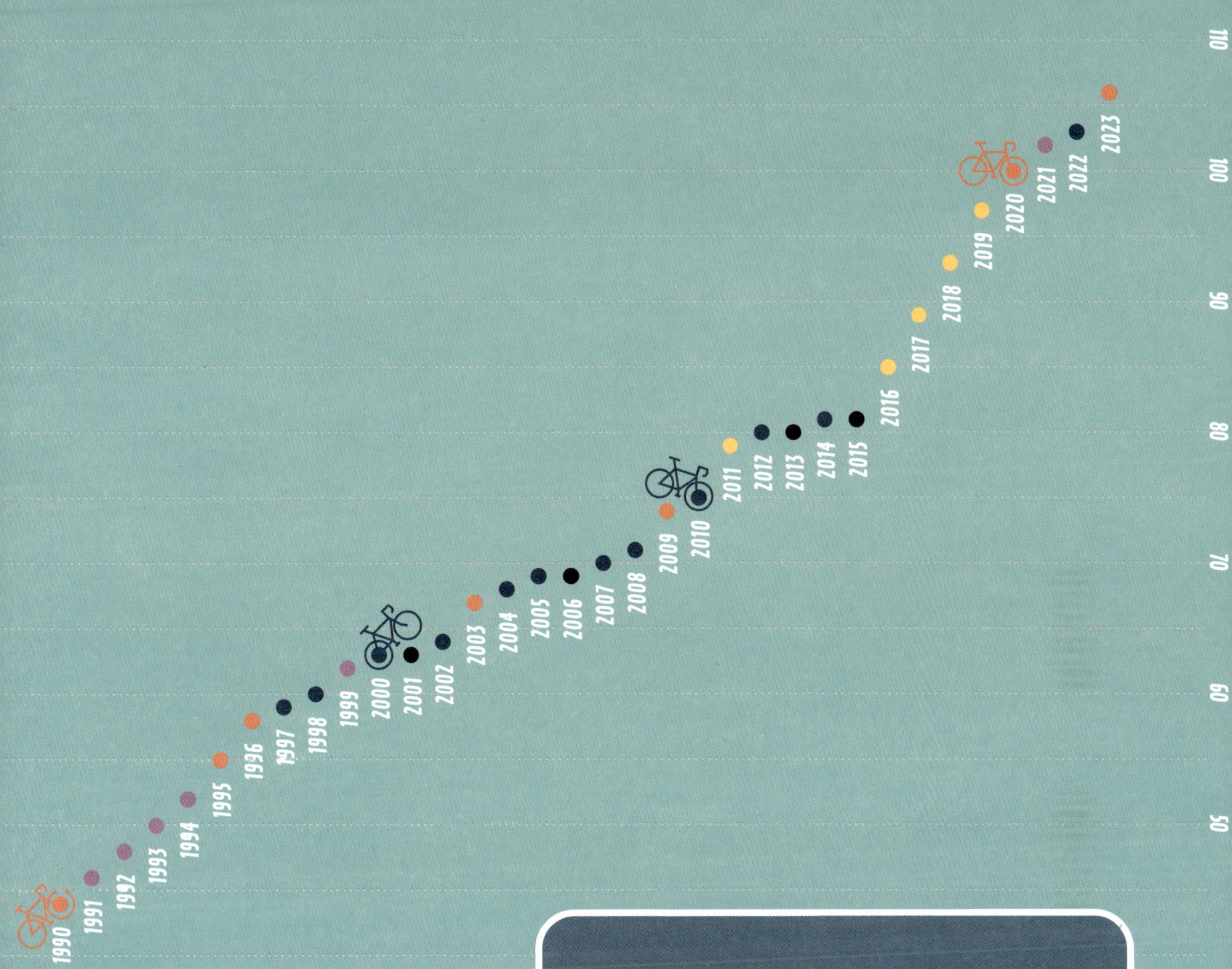

LES DERNIERS ARRIVÉS

MEMBRE #102 › Matej **MOHORIČ** (Slovénie)
Intronisé le 2 juillet 2021 / 7ᵉ étape du Tour

MEMBRE #103 › Rigoberto **URÁN** (Colombie)
Intronisé le 7 septembre 2022 / 17ᵉ étape de la Vuelta

MEMBRE #104 › Mads **PEDERSEN** (Danemark)
Intronisé le 11 mai 2023 / 6ᵉ étape du Giro

MEMBRE #105 › Magnus **CORT NIELSEN** (Danemark)
Intronisé le 16 mai 2023 / 10ᵉ étape du Giro

MEMBRE #106 › Lennard **KÄMNA** (Allemagne)
Intronisé le 3 septembre 2023 / 9ᵉ étape de la Vuelta

+ 0 membre
+ 1 membre
+ 2 membres
+ 3 membres
+ 4 membres

EXPÉRIENCE EXIGÉE

Participer à trois Grands Tours demande du temps. Y remporter une étape, parfois encore plus : 60,4 % des Seigneurs ont intégré le club entre 25 et 30 ans.

PLUS JEUNE MEMBRE INTRONISÉ CHEZ LES SEIGNEURS

DIETRICH THURAU (ALLEMAGNE)
23 ANS 5 MOIS ET 28 JOURS
7 mai 1978
Prologue du Giro

4,7%
20-25 ANS

30,2%
30-35 ANS

60,4%

25-30 ANS

PLUS VIEUX MEMBRE INTRONISÉ CHEZ LES SEIGNEURS

ROGER DE VLAEMINCK (BELGIQUE)
36 ANS 8 MOIS ET 1 JOUR
25 avril 1984
8e étape de la Vuelta

35-40 ANS

4,7%

Norvège / 1 COUREUR
Danemark / 3 COUREURS
Pays-Bas / 5 COUREURS
Belgique / 14 COUREURS
Allemagne / 7 COUREURS
États-Unis / 1 COUREUR
Russie / 2 COUREURS
Colombie / 4 COUREURS
Espagne / 15 COUREURS
France / 9 COUREURS
Grande-Bretagne / 5 COUREURS
Irlande / 3 COUREURS

UNE AURA INTERNATIONALE

Les Seigneurs, à majorité issus du Vieux Continent, abritent 20 nationalités : en 1989, le Colombien Luis Herrera est devenu le premier coureur non européen à être couronné.

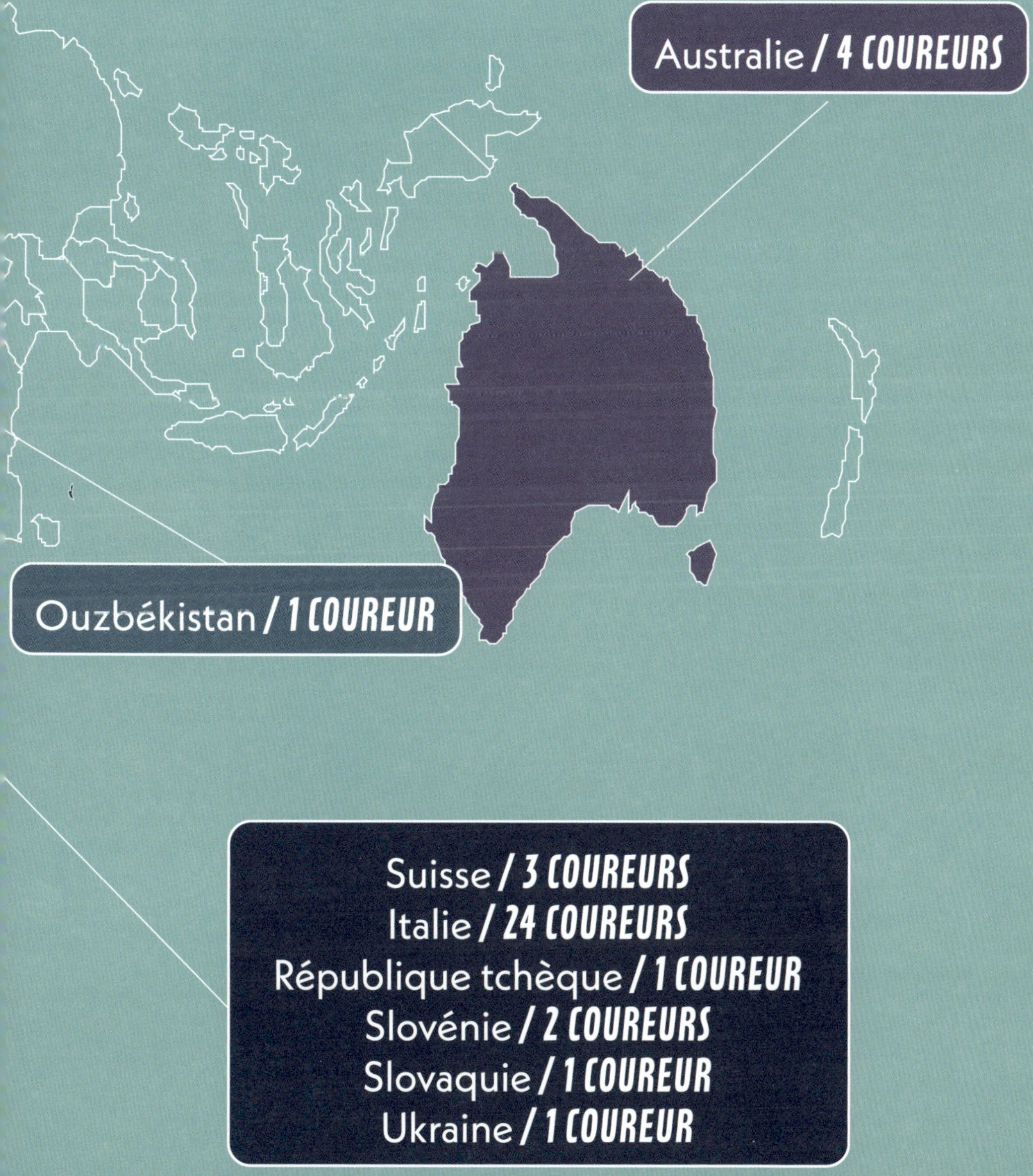

À CHACUN SON RYTHME

Devenir un Seigneur est une quête : celle d'obtenir la victoire d'étape qui manque dans un Grand Tour. Et peu importe le temps que cela peut prendre.

QUÊTE LA PLUS RAPIDE

2022-2023

300 JOURS (SOIT 9 MOIS ET 27 JOURS)

MADS PEDERSEN (DANEMARK)

1 ÉTAPE GIRO / 2 ÉTAPES TOUR / 3 ÉTAPES VUELTA

TOUR DE FRANCE
15 JUILLET 2022
13e étape

VUELTA
2 SEPTEMBRE 2022
13e étape

GIRO
11 MAI 2023
6e étape

QUÊTE LA PLUS LONGUE

1989-2002

4 848 JOURS (SOIT 13 ANS, 3 MOIS ET 8 JOURS)

MARIO CIPOLLINI (ITALIE)

42 ÉTAPES GIRO / 12 ÉTAPES TOUR / 3 ÉTAPES VUELTA

GIRO
1ER JUIN 1989
12e étape

TOUR DE FRANCE
4 JUILLET 1993
2e étape

VUELTA
9 SEPTEMBRE 2002
3e étape

GOLDEN YEAR

Seuls trois Seigneurs sont parvenus à remporter au moins une étape sur chacun des trois Grands Tours durant la même année. Titanesque !

1956

MIGUEL POBLET (ESPAGNE)

VUELTA
3 VICTOIRES D'ÉTAPES
(3e + 5e + 6e)

GIRO
4 VICTOIRES D'ÉTAPES
(4e + 8e + 15e + 17e)

TOUR DE FRANCE
1 VICTOIRE D'ÉTAPE
(8e)

1958

PIERINO BAFFI
(ITALIE)

TOUR DE FRANCE
3 VICTOIRES D'ÉTAPES
(10e + 16e + 24e)

GIRO
1 VICTOIRE D'ÉTAPE
(12e)

VUELTA
2 VICTOIRES D'ÉTAPES
(3e + 4e)

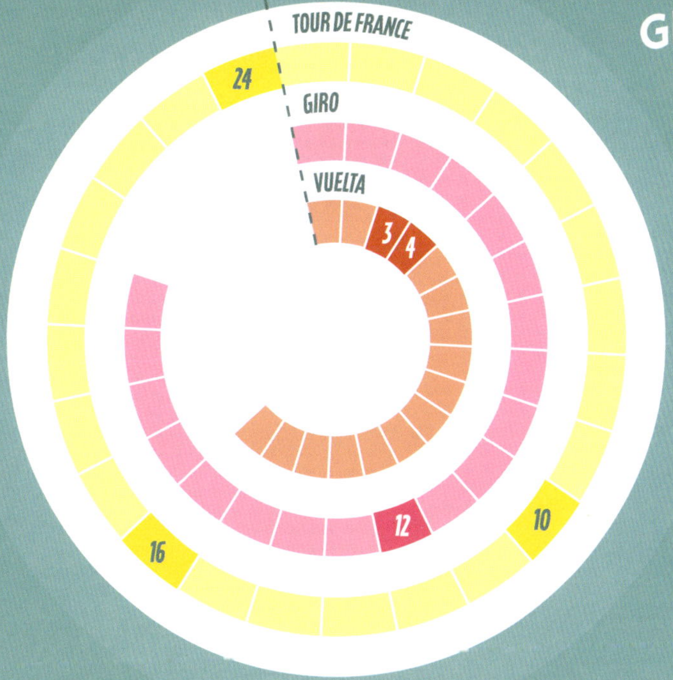

2003

ALESSANDRO PETACCHI
(ITALIE)

GIRO
6 VICTOIRES D'ÉTAPES
(1re + 5e + 6e + 13e + 16e + 17e)

TOUR DE FRANCE
4 VICTOIRES D'ÉTAPES
(1re + 3e + 5e + 6e)

VUELTA
5 VICTOIRES D'ÉTAPES
(3e + 5e + 12e + 14e + 21e)

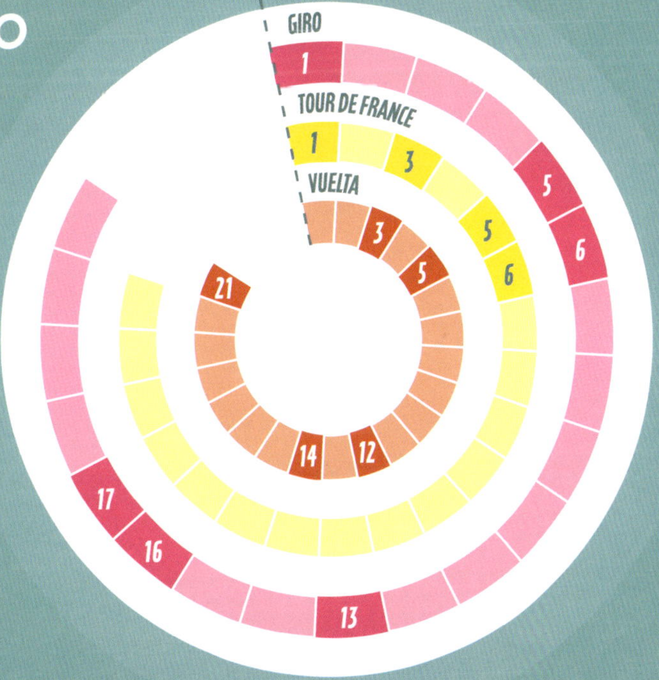

1

LES SEIGNEURS DES SEIGNEURS

Dans le cercle (déjà) fermé des vainqueurs d'étapes sur les trois Grands Tours, eux sont à la table des grands. Des très grands même. Pour faire simple, ils ont tout gagné : le Giro, le Tour de France, la Vuelta, des étapes de légende et, parfois aussi, des Monuments. De tels coureurs sont rares. Ils ont inscrit leur nom au panthéon du cyclisme. Ils incarnent l'excellence absolue de la chose cycliste. Voici l'histoire de ce « club des sept ».

Chapitre 1

LE JOUR OÙ...

Eddy
MERCKX

A GAGNÉ SA DERNIÈRE ÉTAPE SUR LE TOUR

GIRO 24 étapes • VUELTA 6 étapes • TOUR DE FRANCE 34 étapes

L'ULTIME FESTIN DE L'OGRE

Ce 5 juillet 1975, le soleil se fait discret. Les badauds sur le bord de la chaussée ont même mis une petite laine. Drôle d'été... Et puis, en tout début de soirée, un éclair jaune et fulgurant fend l'air et la foule d'Auch. Une brise acidulée qui fait frémir la route et gronder les spectateurs. Vous l'avez vu ? Il est là. Le quintuple vainqueur de la Grande Boucle (1969, 1970, 1971, 1972 et 1974). La légende en cuissard. L'invincible Belge. Le plus grand cycliste de tous les temps. Dans la fraîcheur d'un été maussade, Eddy Merckx vient de passer. À peine le temps de réaliser... qu'il n'est déjà plus là.

Plus que 200 mètres avant l'arrivée de la seconde demi-étape de la journée (9e étape). Il n'y a rien qui bouge au-dessus de ses hanches. C'est un artiste qui livre un chef-d'œuvre de plus. Il se décale à la sortie d'un virage. Il s'emploie. Francesco Moser, Luis Ocaña, Raymond Poulidor, Joop Zoetemelk et Michel Pollentier sont largement battus. Sur 37 petits kilomètres, il a repoussé tout le monde à plus d'une minute. Seule une poignée de coureurs résiste au temps affolant du Cannibale. D'abord, Yves Hézard et Felice Gimondi, qui pointent tous deux à quasiment 45 secondes selon les différents intermédiaires. Et ensuite, deux hommes qui restent dans le coup : le pur spécialiste du chrono venu de Norvège, Knut Knudsen, et le futur maillot jaune français Bernard Thévenet. C'est pour lui que la foule espère. D'autant que la rumeur dit que Merckx aurait crevé à 4 bornes de l'arrivée. Mais alors, comment peut-il être déjà là ?

Couché sur sa machine, le champion dévore le bitume. Il prend l'ultime chicane, à fond, entre les bottes de paille disposées de chaque côté de la route. Puis relance, sur le vélodrome gersois, dans un long gauche interminable. À l'ouvrage sur sa petite reine, le Belge se permet un coup d'œil à la ligne d'arrivée. Il s'arrache, se relâche à 10 mètres du final, coupe enfin la ligne. Après une attente fugace, le chrono tombe... Il a gagné. Pour la 63e fois sur un contre-la-montre, Merckx a gagné.

L'IMPENSABLE

Aussitôt, le public se divise. Ceux qui acclament, admiratifs, la 258e victoire en carrière du Cannibale. Et ceux qui le sifflent, dégoûtés de voir Thévenet échouer à 9 secondes du monstre.

Le champion belge reçoit son trophée de vainqueur à l'arrivée à Auch.

Une haine croissante qui monte d'année en année. Que faire pour battre le virtuose d'outre-Quiévrain ? Sommes-nous condamnés à revivre encore et encore la même compétition où tout le monde se bat contre un invincible rouleur ? À l'arrivée, le vainqueur du jour confesse tout de même : « Je suis parti prudemment sachant que, sur un itinéraire aussi tourmenté, il fallait doser ses efforts. Dans la côte de Roquelaure, à 10 kilomètres de l'arrivée, j'ai cru que mes jambes allaient éclater. »

Pour la première fois, le triple champion du monde (1967, 1971 et 1974) laisse entrevoir une faille. Un défaut dans la cuirasse. La légende du plat pays ne serait qu'un homme, capable de souffrir comme les autres. Ce soir du 5 juillet 1975, la France s'endort après une victoire belge de plus. La dernière de Merckx sur un Grand Tour. Il passera, c'est vrai, tout proche sur le Giro 1976 ou le Tour de France 1977. Mais à Auch, le soleil se couche sur l'impensable : nous venons d'assister au crépuscule du géant.

Avec 64 étapes en poche sur les trois Grands Tours, Eddy Merckx trône au sommet des Seigneurs.

« LE PLAISIR D'ÊTRE AU-DESSUS DES AUTRES »

CONFIDENCES

Bernard HINAULT

GIRO 6 étapes • VUELTA 7 étapes • TOUR DE FRANCE 28 étapes

Avec 146 victoires en carrière, et surtout dix Grands Tours conquis (3 Giro, 5 Tours de France et 2 Vuelta), le Blaireau n'est pas qu'une légende hexagonale. C'est le meilleur cycliste de sa génération. Peut-être, même, le plus grand de tous les temps derrière l'intouchable Eddy Merckx. Un phénomène qui n'a jamais prêté attention à ses statistiques ou à son style. Bernard Hinault ? C'est gagner, un point c'est tout.

En 1978, le Français signe son premier succès sur la Grande Boucle.

Savez-vous combien de victoires d'étapes vous avez gagnées sur les Grands Tours ?

Je n'en sais rien du tout !

Avec vos 41 succès, vous êtes 5e du classement derrière Eddy Merckx, Mario Cipollini, Alessandro Petacchi et Mark Cavendish. Pas mal, non ?

De toute façon, on ne peut pas comparer. Est-ce que ces trois sprinters ont gagné le Tour de France ? Le plus important reste la victoire finale. Pour un sprinter, c'est beaucoup plus facile de remporter des étapes. Décrocher des victoires en montagne, c'est autre chose. Cela donne la valeur d'un coureur. Et là, on est que deux [avec Eddy Merckx]. Les autres, on dira ce qu'on voudra... Mais quand on me dit que Cavendish a égalé le record [du nombre d'étapes remportées sur le Tour] de Merckx : oui, mais au sprint ! Si Merckx n'avait fait que les sprints, il aurait le double de son palmarès. Il gagnait au sprint, en montagne, en contre-la-montre.

En ayant triomphé sur les trois Grands Tours, avez-vous conscience d'appartenir à un cercle très fermé ?

Pas du tout, et ce n'est pas vraiment le plus important. En plus, beaucoup de coureurs n'ont même pas disputé les trois Grands Tours. Moi, je n'y pense pas à tout ça. On est là pour gagner. Alors, en France ou ailleurs... Et puis, →

aucune victoire ne m'a marqué plus qu'une autre. Toutes les victoires sont belles. La priorité était de gagner le général. Le reste, on s'en fout un peu. D'autant plus que j'ai ressenti exactement le même plaisir à chaque fois que je gagnais : aucun Grand Tour ne sort plus du lot qu'un autre. Dans toutes les victoires, on se fait plaisir. Et on les enchaîne les unes après les autres. En fait, on éprouve toujours la même satisfaction quand on gagne.

Avez-vous pu douter à un moment de votre carrière ?
Non, je n'ai jamais douté. Je n'ai jamais eu peur. Le seul qui m'a impressionné, c'était Merckx, le super champion capable de tout gagner. Mais sinon… D'ailleurs, comme lui, j'ai arrêté de gagner à 32 ans.

Sur votre nombre incroyable de victoires, vous avez un peu délaissé le Tour d'Espagne (seulement 2 participations). Pourquoi ?
C'est juste une question de calendrier. À l'époque, on finissait les classiques et on attaquait directement le Tour d'Espagne deux jours plus tard. Puis on finissait et deux jours après commençait le Giro. C'était plus difficile de tout gagner.

Comment expliquez-vous votre domination totale dans les années 1980 ?
C'est tout à la fois. Il faut être physiquement au-dessus du lot. Il faut avoir l'envie de gagner, l'envie de jouer. Moi, je ne me suis jamais posé la question de savoir si j'étais meilleur que les autres. C'était un constat. Alors, il faut se battre, il faut se préparer et il faut avoir l'envie de gagner. Mais cette envie, on l'a quand on naît. C'est inné.

Quel regard portez-vous sur vos succès et vos exploits ?
Ce qui est fait est fait. Sincèrement, je n'y pense pas. Si… Les gens me le disent de temps en temps. Mais c'est une partie de ma vie. Quand c'est terminé, c'est terminé. Je passe à autre chose. Et quand j'y repense, je n'ai pas d'émotion particulière. Les Championnats du monde ou Liège-Bastogne-Liège, je les ai faits, mais ce sont des moments dans une vie qui a été bien chargée. Alors depuis, non, je ne rêve pas de vélo. Juste parfois… Je suis dans la voiture, en montagne, et je me dis : « Ah tiens, là, c'était sympa ! »

Justement, quel est le col qui vous a procuré le plus d'émotion ?
Le col qui m'a fait le plus plaisir… La question n'est pas celle-là en fait. [rires] Quand vous êtes bien, tous les cols sont faciles. Et quand vous êtes

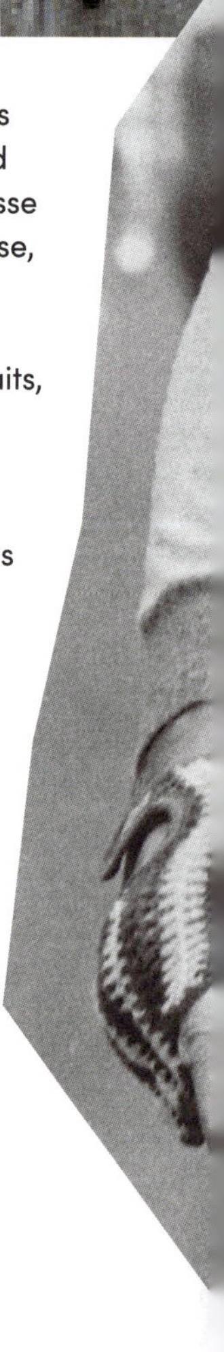

Bingo sur le Giro 1980 : première participation, première victoire d'étape et premier sacre.

Le maillot à pois sur le dos du Blaireau pendant le Tour de France 1978.

mal, tout vous paraît dur. Mais c'est vrai, j'ai déjà eu l'impression de me promener par rapport aux autres.

On a l'impression que gagner une étape du Tour ou du Giro, pour vous, c'est facile. Qu'il n'y a aucune hiérarchie dans vos nombreux succès sur les Grands Tours...
Si, j'ai bien sûr vécu quelque chose de fou sur toutes ces étapes. Ce sont des moments au cœur d'une carrière où on s'explose.

Pourquoi Bernard Hinault gagnait-il ?
Parce que la victoire, c'est le plaisir d'être au-dessus des autres. Celui d'imposer sa propre loi. Celui où on a dominé les autres.

PORTRAIT

Felice
GIMONDI

GIRO 6 étapes • VUELTA 1 étape • TOUR DE FRANCE 7 étapes

LE VOLEUR DE RÊVES

Dans la longue et folle histoire du Tour de France, il y a des vainqueurs attendus, des outsiders sidérants, des champions stupéfiants. Mais rares sont les inconnus qui ont triomphé. C'est pourtant le cas de cet Italien de Lombardie qui fit pleurer la France.

Quand le Tour de France 1965 démarre, c'est une édition borgne. Raymond Poulidor, la prunelle des yeux français, est bien au départ. Mais ce n'est pas le cas de celui qui attire tous les regards : l'immense Jacques Anquetil, quintuple vainqueur de l'épreuve (1957, 1961, 1962, 1963 et 1964) et tenant du titre, n'est pas là. C'est la chance qu'attendait « Poupou ». La Grande Boucle lui tend les bras. Ce n'est plus une possibilité, c'est une promesse : il va gagner. Reste à savoir comment. Et, surtout, où. Avec huit étapes de montagne et trois contre-la-montre individuels, à chaque jour suffit sa peine.

C'est pourtant sur la 3e étape anodine entre Roubaix et Rouen qu'un coureur novice va se faire un nom. Il reste une poignée de kilomètres. Le jeune Roger Pingeon démarre, suivi par un inconnu, Felice Gimondi. Au sprint, le Français est battu par ce gamin surpuissant de 23 ans. L'Italien n'avait jamais gagné une course, il ouvre son compteur avec un succès sur la plus grande compétition du monde. Il en profite même pour revêtir le maillot jaune.

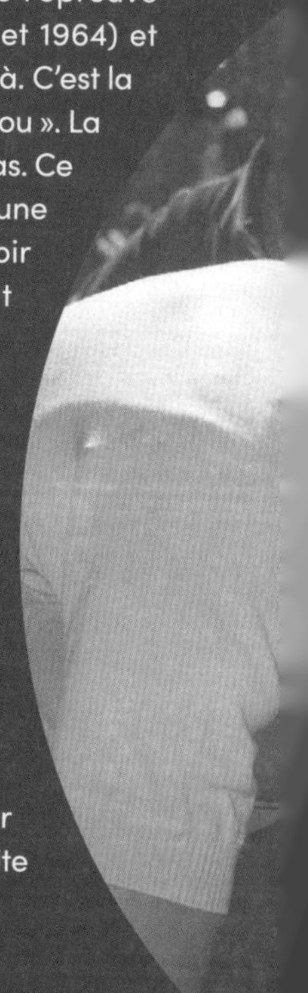

En 1965, pour son premier Tour de France, il remporte trois étapes et… le maillot jaune.

Alors, qui est ce nouveau leader du général ? Un gosse, oui, mais un champion en devenir. Il a remporté le Tour de l'Avenir 1964 devant Lucien Aimar. Il a bouclé le Giro 1965 à la 3e place, mais à quasiment 13 minutes de son leader, Vittorio Adorni. Est-il pour autant capable de résister à la machine Poulidor ?

Première réponse à Bagnères-de-Bigorre. Au menu, l'Aubisque, le Soulor et le Tourmalet. Ce jour-là, Jan Janssen et Pingeon perdent le Tour. Aimar et Adorni abandonnent. Après cette 9e étape, ils ne sont plus que deux à se disputer la victoire : Poulidor, 9e de l'étape, et Gimondi, 6e à l'arrivée. Le gamin reprend même le maillot jaune. Mais, là encore, la France du vélo ne perd pas confiance. D'accord, Gimondi est fort, mais le sera-t-il encore dans les Alpes ?

Eh bien, oui ! Poupou s'impose dans le Ventoux lors de la 14e étape pour revenir à 34 secondes de Gimondi. Il ne reviendra jamais aussi près. À Gap, à Briançon, puis à Aix-les-Bains, le Creusois ne reprend plus rien. Et sur l'avant-dernier chrono entre Aix-les-Bains et Le Revard, Gimondi fait plier son rival. Nous sommes le 10 juillet 1965, il ne reste plus que quatre étapes. Cette fois, la France a peur et les supporters espèrent un petit miracle : que Poulidor signe un dernier chrono de légende pour la 22e et ultime étape. Et tout semble idéalement réuni.

Il tombe un 14 juillet, jour de fête nationale. Le chouchou en devenir du public français ne doit alors reprendre « que » 1 minute et 12 secondes à son concurrent transalpin. Et il doit le faire sur 37 kilomètres quasiment plats, qui donnent (sur le papier) un avantage au Tricolore. Malgré tout ça, il n'y aura pas de miracle. Gimondi, formidable machine à rouler, l'emporte. Poulidor se consolera en devenant une icône nationale, le symbole d'un sport hexagonal courageux, méritant, mais battu. Le Lombard, lui, avec ce premier des cinq Grands Tours glanés dans sa légendaire carrière, aura incontestablement volé le rêve de Poupou, éternel roi sans couronne.

Felice Gimondi doit sa présence sur l'épreuve hexagonale à la blessure de Bruno Fantinato.

CITATION

Jacques ANQUETIL

GIRO 6 étapes • VUELTA 1 étape • TOUR DE FRANCE 16 étapes

Quelques jours après le départ du Tour de France 1964, un mage prédit dans *France Soir* la mort de Jacques Anquetil le 6 juillet dans la descente d'un col entre Andorre et Toulouse (14e étape). Ce présage va tellement trotter dans la tête du Français que, la veille de sa prétendue mort, la journée de repos tourne au festin. Le repas du condamné Anquetil, en somme. Un méchoui énorme et des flots de sangria. Le lendemain, Maître Jacques se sent mal. Il explique même : « Je vivais dans un cauchemar. Quand je me suis rendu compte que ça n'allait pas, je me suis dit que le mage avait raison. » Mais un coéquipier lui lance : « Tu t'appelles Anquetil, nom de Dieu ! Tu ne peux pas renoncer. »

Le champion se lance alors dans une descente totalement folle et prend tous les risques, comme pour donner raison au mage. Par chance, à l'arrivée, il est miraculeusement indemne. Il lâche alors : « C'est vrai, j'ai vu la mort. J'ai tout descendu au radar. Ça passait ou ça craquait. Je n'avais pas le choix. Pour moi, c'était la victoire ou la mort ! »

« POUR MOI, C'ÉTAIT LA VICTOIRE OU LA MORT ! »

Chris FROOME

GIRO 2 étapes • VUELTA 5 étapes • TOUR DE FRANCE 7 étapes •

CHIFFRE

Dans sa carrière, Chris Froome a porté le maillot de leader sur le Giro, le Tour de France et la Vuelta pendant quatre-vingt-dix-neuf jours. À cet exploit viennent s'ajouter cinq maillots distinctifs : meilleur grimpeur du Tour 2015 et du Giro 2018, classement par points de la Vuelta 2017 et classement du combiné des Vuelta 2011 et 2017. Le tout en seulement sept saisons. Avec quatre Tours de France, deux Vuelta et un Giro, le Britannique a donc remporté… un Grand Tour par an pendant sept ans. Colossal !

99

C'EST CADEAU !

Bernard Hinault a participé à huit Tours de France (1978, 1979, 1980, 1981, 1982, 1984, 1985 et 1986), deux Vuelta (1978 et 1983) et trois Giro (1980, 1982 et 1985). Résultat ? Aucune de ces éditions n'est parvenue à lui échapper : il y a gagné au moins une étape ou un prologue à chaque fois.

L'INFO EN +

Une seule et unique participation à la Vuelta pour Felice Gimondi (1968) et Eddy Merckx (1973). Juste assez pour que les deux champions en repartent avec le maillot amarillo et intègrent le club des Seigneurs : une victoire d'étape pour l'Italien et… six pour le Belge.

Vincenzo **NIBALI**

GIRO 7 étapes • VUELTA 1 étape • TOUR DE FRANCE 6 étapes

Le Requin de Messine était un champion d'exception. Vainqueur des trois Grands Tours, de trois Monuments ainsi que de 52 courses en carrière, il avait la réputation flatteuse d'être le meilleur descendeur du monde. Et celle d'être probablement le coureur le plus malin du peloton.

GIRO ~~2 étapes~~ • VUELTA 6 étapes • TOUR DE FRANCE 3 étapes

Alberto CONTADOR

C'est totalement subjectif, mais n'était-il pas le coureur le plus élégant du siècle ? Le Pistolero a tout gagné. Sauf une étape sur le Giro après avoir été déclassé pour dopage (voir chapitre 8)... Mais avec sept Grands Tours remportés (9 au total, mais 2 perdus sur dopage), comment ne pas le mentionner parmi les légendes cyclistes ? Seigneur, mais pas trop.

LA MAUVAISE FOI DE L'AUTEUR

2

LES PIONNIERS

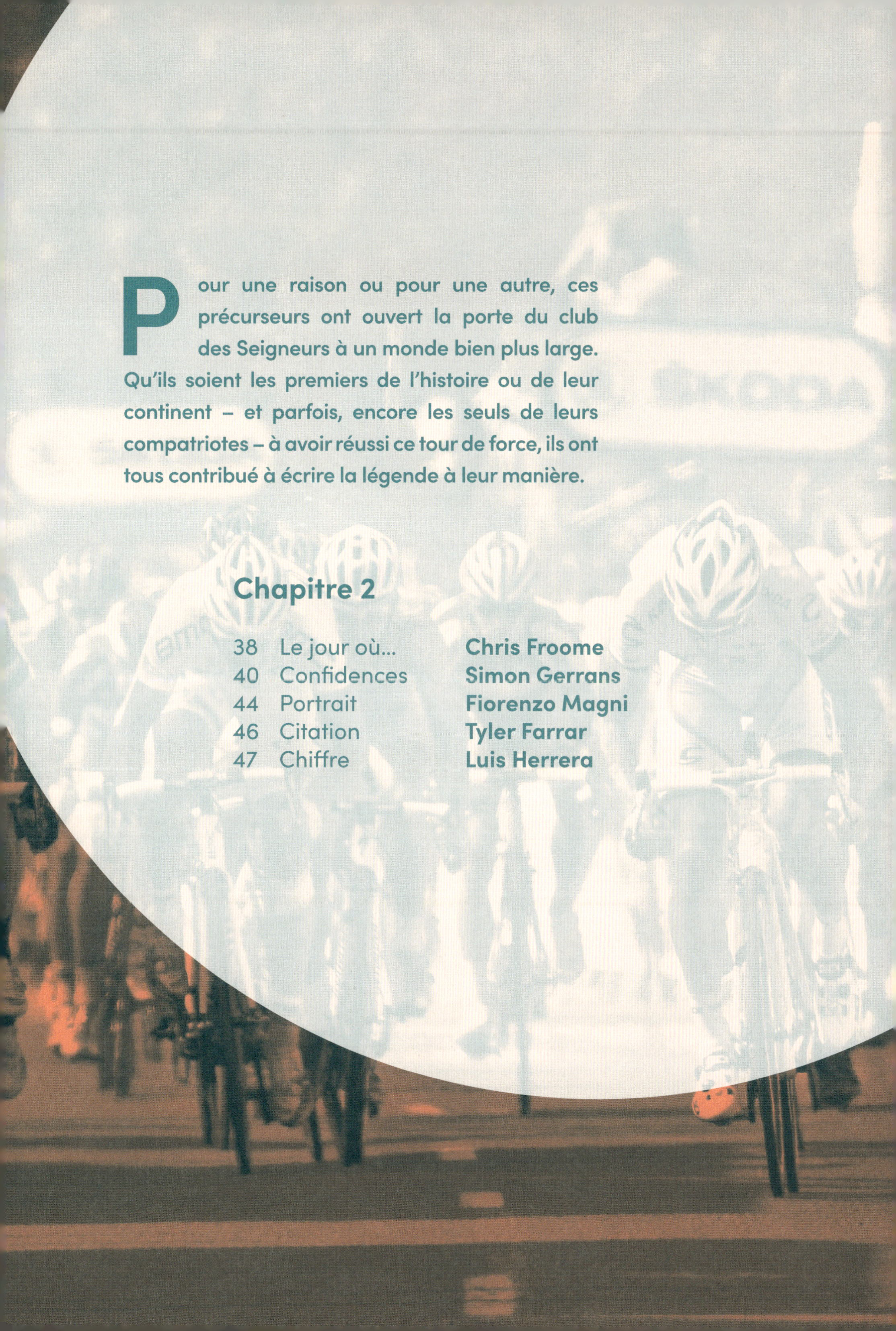

Pour une raison ou pour une autre, ces précurseurs ont ouvert la porte du club des Seigneurs à un monde bien plus large. Qu'ils soient les premiers de l'histoire ou de leur continent – et parfois, encore les seuls de leurs compatriotes – à avoir réussi ce tour de force, ils ont tous contribué à écrire la légende à leur manière.

Chapitre 2

PREMIER AFRICAIN (OU PRESQUE)

LE JOUR OÙ... Chris FROOME A OUVERT SON PALMARÈS

GIRO 2 étapes • VUELTA 5 étapes • TOUR DE FRANCE 7 étapes

7 septembre 2011. Dès le pied du terrible Peña Cabarga, le peloton a explosé. Ils ne sont qu'une quinzaine devant. Dans le groupe, les deux plus solides grimpeurs sont deux coureurs atypiques. Bradley Wiggins, d'abord. Ancien pistard et rouleur d'exception, il a terminé le Tour de France 2009 sur le podium. Mais le numéro un de l'écurie Sky vient de céder le maillot rouge sur cette Vuelta 2011. L'autre favori, Juan José Cobo, leader du général sur cette 17e étape, est un coureur aussi talentueux que sulfureux. Passé par Saunier Duval, on lui prête des résultats... stupéfiants.

À 3 kilomètres de l'arrivée, Cobo est en tête, « Wiggo » dans le dur. Le champion de Grande-Bretagne serre les dents. La chaleur écrasante lui fait aussi mal que la montée. À ses côtés, un coureur étrange ne tient pas en place sur sa selle. Il a des bras interminables, des jambes trop longues, et son casque et ses lunettes le font ressembler à un insecte mal proportionné. Son nom ? Chris Froome. Un inconnu total. Né au Kenya, il a vécu en Afrique du Sud avant d'obtenir la nationalité britannique en 2008.

En 2015, si le Kényan blanc n'est pas encore un Seigneur, il a déjà deux Tours au palmarès.

À la flamme rouge, catastrophe : Wiggins craque. Pire que tout : à l'avant, Cobo se détache. L'Anglais pointait ce matin à 51 secondes de l'Espagnol. Il vient de perdre la Vuelta sur cette montée étouffante. Alors, surgissant du néant, Froome s'extirpe du minuscule peloton et s'accroche à la roue du Bison. Tout n'est peut-être pas perdu pour Sky. Ses longues jambes décharnées, ses épaules trop hautes, sa tête inclinée vers ses chaussettes, presque bossu : oui, le natif de Nairobi est affreux à voir courir. Mais si le style fait défaut, le talent est bien là.

NOUVEAU MONSTRE

Plus que 900 mètres... Et Froome se dresse sur les pédales ! Il attaque ! Il sprinte sur 50, 100, 150 mètres. Ce n'est plus une montée, c'est un sprint en côte. L'Ibérique s'accroche, mais « Froomey » en remet une couche. Alors, lentement, le leader de la Vuelta cède et la fusée noire s'envole. Frénétique, le Kényan blanc n'arrive plus à se rasseoir dans cette pente qui n'en finit plus. Et ce qui devait arriver arrive : il se fait sauter le caisson. Si le coureur de Sky est peut-être le plus fort, il n'est pas le plus malin.

Inexorablement, comme attiré par l'odeur du sang, Cobo revient.

Sa proie est là, juste devant lui, agonisante. À 75 mètres de l'arrivée, le local de l'étape repasse en tête. Mais, bizarrement, il se relâche. Froome accélère alors et prend l'intérieur dans l'ultime virage. Le maillot rouge voit bien l'immense échalas le passer et tente de contrer. Trop tard. Cobo renonce à sprinter et, dans un geste ressemblant à une offrande, laisse le néo-British lever les bras au sommet du Peña Cabarga.

Sans le savoir, Cobo commettait deux erreurs qui allaient changer la face du cyclisme à tout jamais. À l'issue de cette Vuelta 2011, il sera le premier coureur déclassé pour des anomalies sur son passeport biologique, un tournant dans la lutte antidopage. L'autre ? En laissant gagner Froome, l'Espagnol ouvrait la porte à un nouveau monstre : la fourmi légionnaire. Celle qui allait tout dévorer sur son passage pendant quasiment une décennie.

Au bout de l'effort, tout de noir vêtu, sur les pentes du Peña Cabarga.

« LE HASARD N'AVAIT PAS SA PLACE »

CONFIDENCES

Simon GERRANS

GIRO 1 étape • VUELTA 1 étape • TOUR DE FRANCE 2 étapes

Qui aurait pu prédire que le petit gars de Melbourne allait tambouriner à la porte du club des Seigneurs et s'inviter sans rougir à la table des plus grands cyclistes de l'histoire ? Immense travailleur, tacticien redoutable, puncheur de talent, Simon Gerrans est le premier coureur océanien à avoir réalisé la passe de trois. Rencontre avec un homme normal… au destin anormal.

Gagner sur le Tour de France, ici à Calvi en 2013, reste toujours un moment d'exception.

Savez-vous combien de victoires vous avez remportées sur les Grands Tours ?
Comme vous m'avez contacté pour cette entrevue, j'ai eu le temps d'y réfléchir : quatre victoires individuelles et trois contre-la-montre par équipes !

Parmi ces quatre victoires individuelles, laquelle est la plus belle pour vous ?
Probablement la première sur le Tour, en 2008 [15e étape]. Parce que gagner sur le Tour de France, cela vous permet immédiatement d'être considéré comme l'un des meilleurs cyclistes du monde. Étant donné que c'était mon premier succès sur un Grand Tour, c'est assez spécial pour moi. Les deux victoires suivantes, sur le Giro et la Vuelta, sont arrivées très rapidement. C'était en petits groupes et je suis devenu un genre de spécialiste des échappées. J'ai levé les bras sur le Tour 2008, puis sur le Giro 2009 [14e étape] et la Vuelta 2009 [10e étape]. J'ai donc gagné sur les trois Grands Tours auxquels j'ai participé consécutivement. Je ne savais pas que j'allais attendre 2013 pour revivre ça. Mais oui, →

la première victoire en 2008 est celle où tout a vraiment démarré.

Sur la 3e étape du Tour 2013, à Calvi, vous ne triomphez pas en échappée, mais au sprint, devant Peter Sagan. L'un de vos plus beaux succès ?
Oui, car ce qui fait la valeur d'une victoire, c'est aussi bien l'endroit où vous gagnez que ceux que vous battez dans le final. Mes premières victoires étaient toutes l'aboutissement d'une échappée. Cette fois, le final était groupé. Il ne restait que la moitié du peloton, mais avec une arrivée massive. C'est une étape que j'avais ciblée : j'avais reconnu l'arrivée, fait des entraînements spécifiques depuis quelques semaines… Ce succès représentait beaucoup de travail, alors j'en suis particulièrement fier.

Si vous fermez les yeux, pouvez-vous me décrire la sensation que procure une victoire ?
Toutes les victoires sont différentes. Certaines sont méticuleusement préparées. C'est-à-dire que tu sais déjà comment tu vas gagner : tu as un plan précis, tu le suis à la perfection et tu triomphes. Lever les bras de cette manière, c'est satisfaisant.

Mais certains succès sont parfois plus… dynamiques. Tu prends ta chance ! Tu n'avais pas prévu d'attaquer et, en fait, tu essayes quelque chose. Tu prends un risque. Et ce sont parfois les plus grandes victoires. Là, c'est monstrueux en matière d'adrénaline, parce que c'est inattendu. Je crois que je peux me souvenir de toutes mes victoires, mais que chacune est différente.

Avez-vous conscience d'avoir inscrit votre nom au panthéon du vélo ?
Je crois que… [silence] Je crois que c'est plus une conséquence de mes résultats que ce que j'ai vraiment accompli. Cela n'a jamais été un objectif de devenir un Seigneur et de gagner une étape sur les trois Grands Tours.

En revanche, j'ai débuté chaque Grand Tour en voulant gagner une étape. Ce n'est que lorsque j'ai décroché la troisième que j'ai réalisé l'avoir fait. Néanmoins, ça n'a jamais été un véritable projet.

En tant que premier coureur océanien à réaliser cet exploit, vous voyez-vous comme un pionnier ?
Pas du tout. J'ai moi-même eu plusieurs modèles, et certains d'entre eux étaient australiens. Donc non, je ne me considère pas franchement comme un pionnier.

Qu'est-ce qui vous a poussé à gagner ?
Je crois que j'ai toujours été très méthodique dans mon approche. J'ai bossé extrêmement dur,

En 2015, son Giro commence par un contre-la-montre par équipes et un beau succès.

Du mont Saint-Michel aux rues de San Remo, l'Australien aura sillonné les routes d'Europe.

j'ai essayé de contrôler tout ce qui pouvait l'être. Le hasard n'avait pas sa place. J'ai gagné des courses parce que j'avais tout fait pour ce résultat. J'avais la capacité d'être totalement dévoué à mon sport, et de m'y consacrer totalement pour remplir mes objectifs. Gagner était la récompense de mon travail.

Si je devais résumer votre carrière en chiffres, c'est 33 victoires, deux Monuments, une 3e place au classement mondial 2014 derrière Alejandro Valverde et Alberto Contador, une médaille d'argent aux Championnats du monde 2014… Qu'est-ce qui vous rend le plus fier ?

Je suis fier d'avoir toujours donné le meilleur de moi-même au cours de ma carrière de cycliste. Il y a des courses que je voulais terriblement et qui m'ont filé entre les doigts. Il y a des courses que je n'aurais jamais espéré gagner… et je les ai quand même remportées. Alors, quand je regarde ma carrière, je n'ai aucun regret. J'ai été un coureur qui a tout donné pour son sport. J'ai accompli tout ce dont j'étais capable.

PORTRAIT

Fiorenzo
MAGNI

GIRO 6 étapes • VUELTA 3 étapes • TOUR DE FRANCE 7 étapes

UN PRÉCURSEUR ÉCLIPSÉ

L'histoire est parfois sans cœur. Fiorenzo Magni est un pionnier que le temps a effacé. Une légende un peu négligée. Et pourtant, le premier des Seigneurs est l'un des plus grands cyclistes de sa génération. Le problème ? C'est qu'il n'est que le troisième Italien de son temps. Cruel destin.

Le Toscan n'a disputé qu'une seule édition de la Vuelta, contre neuf Giro et cinq Tours.

Si tout le monde vibre pour la petite reine dans l'Italie des années 1950, le pays est divisé. D'un côté, les partisans de Gino Bartali. De l'autre, les adorateurs de Fausto Coppi. Au milieu de cette guerre idéologique et sportive, un homme que la mémoire collective a voulu faire disparaître. Car oui, Fiorenzo Magni est un cador. Mais un homme controversé, symbole d'une Italie qui préfère oublier son passé plutôt que l'affronter.

Aussi, sur le Giro 1948, la carrière du Toscan bascule. Au soir de la 14e étape, et malgré la victoire d'Oreste Conte, il endosse pour la première fois de sa carrière un maillot de leader. Chemise noire du temps de Mussolini, le voilà qui troque son passé contre un joli maillot rose. Toujours est-il que Magni n'est pas un grimpeur. Du moins, pas comme Coppi, Bartali ou même Ezio Cecchi. Mais dans le Passo Pordoi, et à la

surprise générale, il parvient à terminer la 17e étape avec les virtuoses du dénivelé positif. Une performance surnaturelle qui s'explique : le chef de file de Wilier Triestina a été poussé dans les montées par certains de ses supporters. On raconte même qu'il se serait accroché à la portière d'une voiture…

Sans photo, sans caméra, mais avec des témoins, l'organisation décide de le sanctionner : 2 minutes au général. Une peine insuffisante, évidemment, qui laisse Magni dans la course à la victoire finale. Furieux, Coppi, qui réclamait sa disqualification, abandonne. Mais la tricherie ne passe pas auprès du public. Les *tifosi* haïssent ce traître qui a battu Bartali et Coppi. Le public siffle à son passage, salit son nom, le hue à l'arrivée à Milan. Oui, le Lion des Flandres remporte le Giro pour 11 petites secondes. Mais ce succès déchaîne une haine totale qui va lui arracher des larmes. Reste que dans la vie, tout se paye. Dans le cas de Magni, se paye même au triple…

Il passe à la caisse sur le Tour de France 1950. Déjà vainqueur du Giro, il n'est qu'un équipier dans l'équipe d'Italie. Mais il s'impose sur la 8e étape et endosse le maillot jaune au terme de la 11e. Seulement, Bartali, son leader, est victime d'une cabale durant cette journée de course entre Pau et Saint-Gaudens : les supporters français le tiennent pour responsable de la chute de Jean Robic. Le Campionissimo est attaqué : on le caillasse et on tente de le faire tomber à chaque virage. Bartali décide de jeter l'éponge le soir même. Et toute la Squadra en fait de même. La Grande Boucle s'arrête net… alors que Magni comptait 2 minutes et 31 secondes d'avance sur son dauphin. Le Tour lui tendait les bras, la France lui tourne le dos.

En 1952, sur la route des Championnats du monde cette fois, le maillot arc-en-ciel est là, à portée de main. Mais dans la dernière ligne droite, sa selle se brise. Il doit se contenter de la 4e place. La pire aux Mondiaux… Enfin, en 1953, il est en tête sur le Tour de Lombardie. Là encore, la victoire est là, toute proche. Mais un signaleur lui indique une mauvaise route. Il ne remportera jamais cette classique. Magni a malgré tout trouvé la parade contre l'oubli. En 1955, pour son unique participation à la Vuelta, il remporte quatre étapes. De quoi faire de lui, et à jamais, le premier Seigneur de l'histoire.

Le Seigneur #1 doit franchir un passage à niveau lors de la Grande Boucle 1953.

CITATION

Tyler
FARRAR

GIRO 2 étapes • VUELTA 3 étapes • TOUR DE FRANCE 1 étape

Giro 2011, 3e étape. Tout près de Mezzanego, Wouter Weylandt chute à plus de 60 km/h et perd la vie. Peut-être par pudeur, certainement par peur, le staff de Leopard-Trek ne prévient personne avant l'arrivée. Alors, quand Tyler Farrar passe la ligne et apprend la terrible nouvelle, plutôt que les larmes, c'est la colère qui s'exprime. Il jette son vélo, hurle. Weylandt n'était pas qu'un compagnon de route, pas qu'un ami. David Millar, coéquipier de Farrar, lâche : « C'était son frère européen. Je suis inquiet pour lui, car il est encore jeune et émotif. »

Millar a vu juste. Le seul Seigneur états-unien ne s'en remettra jamais vraiment. Le lendemain, il se retire du Giro. « Je ressens une tristesse insupportable avec la disparition de Wouter. Sa mort entraîne un changement irrémédiable dans ma vie, mais surtout dans la vie de sa famille et de ceux qui l'aimaient. »

Par chance, le sprinter pourra rendre un ultime hommage à son « frère » sur les routes du Tour de France. Toujours en 2011 et sur la 3e étape, il s'impose à Redon en formant un « W » avec ses mains, puis pointe les cieux. Farrar n'a que 27 ans. C'est son dernier succès sur un Grand Tour.

« JE RESSENS UNE TRISTESSE INSUPPORTABLE »

Luis HERRERA

GIRO 3 étapes • VUELTA 2 étapes • TOUR DE FRANCE 3 étapes

CHIFFRE

Luis Herrera est le premier Seigneur non européen. Et un chiffre affolant témoigne de son talent : le Colombien – premier Sud-Américain à conquérir un Grand Tour (Vuelta 1987) – a terminé 40,8 % de ses courses dans le top 10. À titre de comparaison, Nairo Quintana, son successeur colombien au palmarès d'un Grand Tour (Giro 2014), n'est qu'à 27,8 %.

Grimpeur exceptionnel, Herrera est aussi l'un des deux seuls coureurs de l'histoire à avoir gagné le classement de la montagne sur le Giro (1989), le Tour (1985 et 1987) et la Vuelta (1987 et 1991). L'autre ? Le plus illustre grimpeur de tous les temps, Federico Bahamontes.

40,8%

C'EST CADEAU !

Le 31 mai 1994, Djamolidine Abdoujaparov lève les bras à Marostica à l'issue d'un sprint sur la 10e étape du Giro. Avec cette unique victoire obtenue durant un Tour d'Italie, l'Ouzbek est devenu rien de moins que le seul représentant asiatique des Seigneurs. Classe.

L'INFO EN +

Un Tyler peut en cacher un autre. Avant l'Américain Tyler Farrar, l'un de ses compatriotes était déjà parvenu à pousser la porte du club des Seigneurs : Tyler Hamilton. Mais le nom de ce dernier sera rayé de la liste après l'annulation de sa victoire d'étape sur la Vuelta 2004 pour dopage (voir chapitre 8).

3

LES SPRINTERS

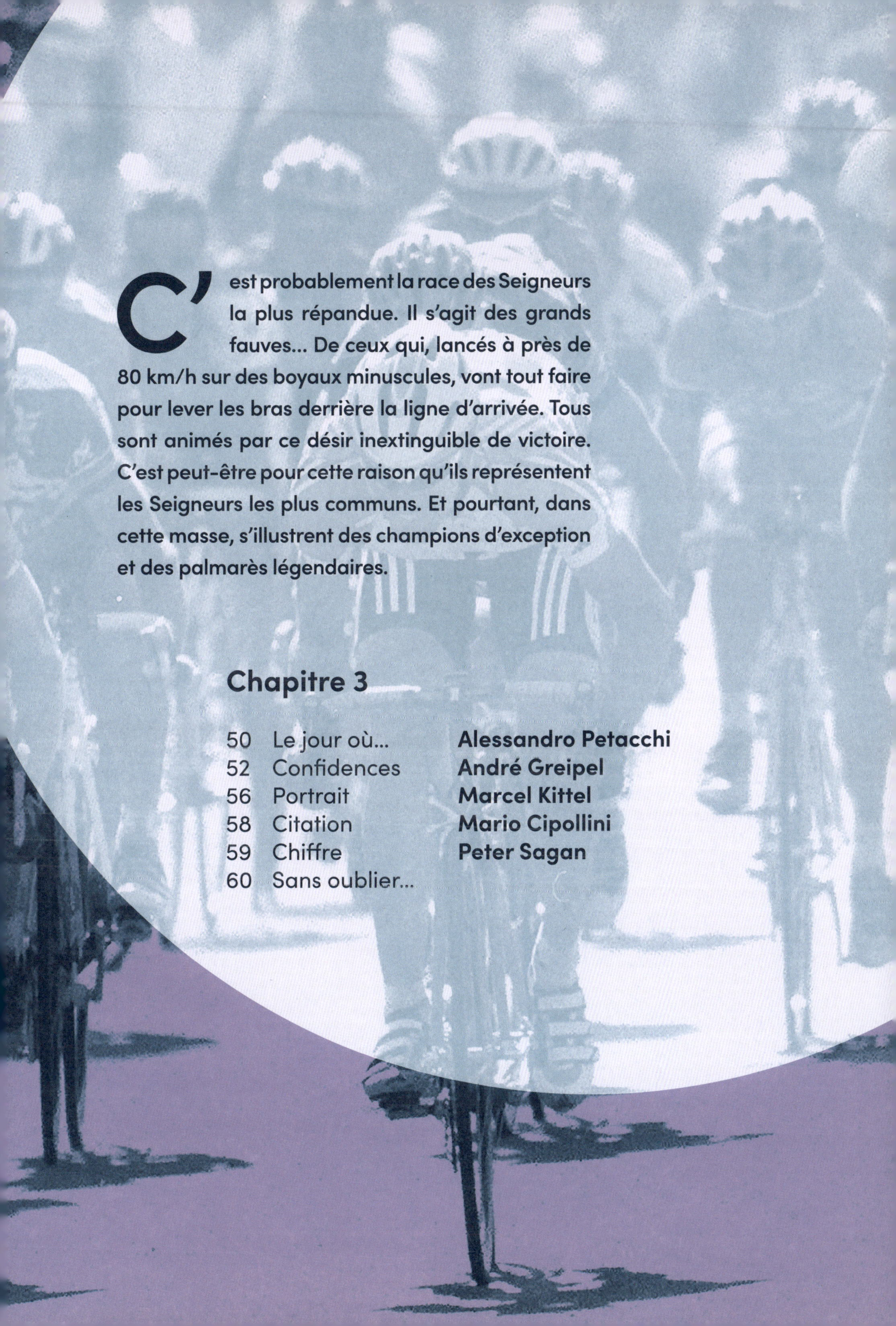

C'est probablement la race des Seigneurs la plus répandue. Il s'agit des grands fauves... De ceux qui, lancés à près de 80 km/h sur des boyaux minuscules, vont tout faire pour lever les bras derrière la ligne d'arrivée. Tous sont animés par ce désir inextinguible de victoire. C'est peut-être pour cette raison qu'ils représentent les Seigneurs les plus communs. Et pourtant, dans cette masse, s'illustrent des champions d'exception et des palmarès légendaires.

Chapitre 3

LE JOUR OÙ...

Alessandro **PETACCHI**

A FAIT PARLER SON EXPÉRIENCE

GIRO 22 étapes • VUELTA 20 étapes • TOUR DE FRANCE 6 étapes

LE DERNIER VOL DU ALE-JET

Au départ de la magnifique ville d'Alba, le peloton est tendu. Nerveux même. Parce que la journée s'annonce interminable et stressante. Il s'agit de l'une des plus longues étapes du Giro moderne, avec pas moins de 244 kilomètres. Et ce 8 mai 2011, la route qui mène jusqu'à Parme est pénible. Le profil de l'étape promet un sprint massif. La première explication entre grands fauves sur ce Tour d'Italie. Une demi-douzaine d'équipes ne sont présentes sur ce Giro que pour des victoires d'étapes. Et si Alexander Kristoff, Robbie McEwen, Tyler Farrar ou Wouter Weylandt veulent briller, l'Italie (et le monde entier) espère surtout un duel entre deux cadors.

Dans le coin droit, il est jeune, insolent et volcanique, et il est le sprinter le plus dangereux du monde : Mark Cavendish. Dans le coin gauche, il est mesuré, calme et est considéré comme l'un des coureurs les plus droits et les plus élégants du peloton : Alessandro Petacchi. Le premier arrive sur le Giro 2011 pour montrer au second que son règne est bel et bien terminé. Il faut dire que la balance penche nettement en faveur du Britannique.

En effet, l'Italien, 37 ans, n'a plus levé les bras sur le Giro depuis deux ans. Et malgré ses 148 succès en carrière, il se murmure que « Ale-Jet » est fini. Il n'a plus les jambes. Plus la fougue. Plus le cran pour gagner un sprint sur un Grand Tour. Face à lui, le TGV de l'île de Man est une tête brûlée. À 26 ans, il a déjà remporté 65 courses, dont 23 rien que sur les Grands Tours...

MANO A MANO

Cette 2e étape se déroule selon le scénario attendu. Une échappée sacrificielle, un peloton glouton – dévoreur d'espoir – et une ligne droite en forme d'explication finale. Mais ce ne sont pas deux hommes qui vont discuter dans les rues de Parme. Ce sont deux duos : d'un côté, Cavendish lancé par son porte-flingue habituel, Mark Renshaw ; de l'autre, Petacchi tracté par son autobus allemand, Danilo Hondo. La bataille est terrible. Les deux poissons-pilotes se défient, épaule contre épaule. À 250 mètres de la ligne, subitement, le maillot rose et bleu de Hondo s'écarte, laissant son leader seul. Petacchi est en tête, oui. Mais il est dans le vent. Et la ligne d'arrivée est si loin. Derrière, la meute est emmenée par la HTC-Highroad de Renshaw, avec le Cav calé dans sa roue.

Champagne à Parme lors du Giro 2011 ! Son ultime victoire sur un Grand Tour.

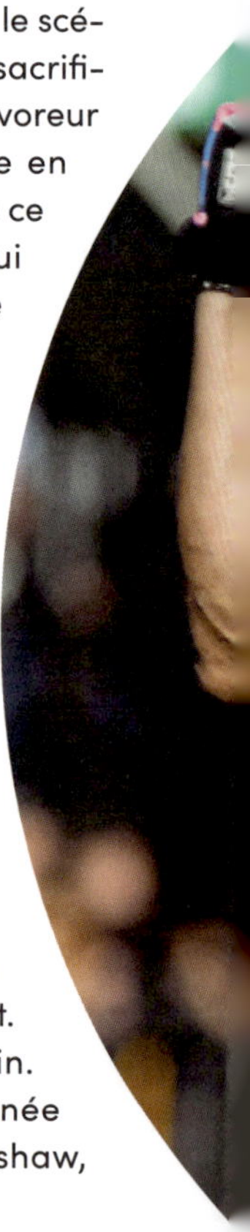

Alors, poussé par le désespoir, Petacchi lance son sprint à près de 200 mètres de la ligne. Derrière lui, Cavendish décolle aussi, certain de coiffer son aîné. L'Italien s'arrache, tout en force. Il sprinte avec ses jambes, ses bras, ses épaules ! Emporté par sa fougue, il part sur la gauche de la route, puis redresse sa course et repique lentement vers la droite. Le Britannique fait le chemin inverse : il louvoie dans l'ombre de son adversaire, tente de le déborder par la droite, puis croise sur la gauche, espérant passer par un soupirail le long de la barrière.

La ligne d'arrivée se rapproche à toute allure, le Transalpin plafonne. Son rival revient sur lui. Mais, après un sprint interminable, le vieux loup l'emporte. Furieux, Cavendish se retourne et lève les bras, s'agite, s'énerve. Il s'excusera dès le lendemain. Ce jour-là, Petacchi signait sa 48e et dernière victoire sur un Grand Tour. Douze ans après ce mano a mano, Ale-Jet est aujourd'hui 4e au classement des coureurs les plus prolifiques sur les Grands Tours. Il n'est devancé que par Eddy Merckx, Mario Cipollini et... Cavendish.

Bras levés et poings serrés, une habitude pour l'Italien aux 150 victoires en carrière.

« POUSSER SUR LES PÉDALES JUSQU'À LA LIGNE »

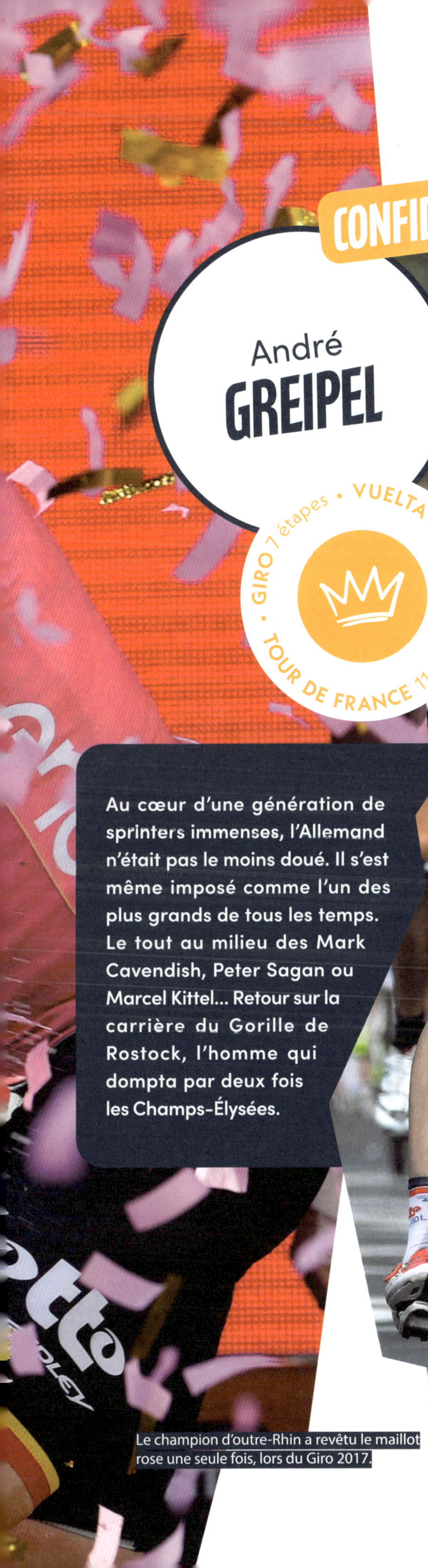

CONFIDENCES

André GREIPEL

GIRO 7 étapes • VUELTA 4 étapes • TOUR DE FRANCE 11 étapes

Au cœur d'une génération de sprinters immenses, l'Allemand n'était pas le moins doué. Il s'est même imposé comme l'un des plus grands de tous les temps. Le tout au milieu des Mark Cavendish, Peter Sagan ou Marcel Kittel… Retour sur la carrière du Gorille de Rostock, l'homme qui dompta par deux fois les Champs-Élysées.

Savez-vous combien de victoires vous avez remportées sur les Grands Tours ?
Je dirais… 23 victoires.

Presque : c'est 22 ! Quelle est votre victoire préférée ?
Toutes les victoires ont une saveur particulière. C'est toujours quelque chose de spécial de gagner. Mais, en tant que sprinter, gagner sur les Champs-Élysées, c'est une performance dont je suis évidemment très fier.

Votre premier succès sur un Grand Tour, c'est la 17ᵉ étape du Giro 2008, devant Mark Cavendish, Daniele Bennati et Erik Zabel. Vous en souvenez-vous ?
Bien sûr ! Cette étape était la dernière occasion pour les sprinters de gagner sur ce Giro. On avait une équipe énorme →

Le champion d'outre-Rhin a revêtu le maillot rose une seule fois, lors du Giro 2017.

avec Tony Martin, Bradley Wiggins, le Cav [Mark Cavendish]... Lui avait déjà gagné, et moi, je n'avais pas encore eu ma chance. Alors, depuis le début du Tour d'Italie, je faisais mon boulot. Ce jour-là, on va dire que j'ai saisi une opportunité et tout donné jusqu'à la ligne.

C'est assez incroyable, mais vous avez été en concurrence au sein de votre propre équipe avec Cavendish. Et cela vous privera de certains Tours de France...
On n'était pas en conflit dans tous les cas. On partageait les mêmes caractéristiques et la même volonté de gagner. Avec notre grosse équipe, il n'y avait de la place que pour un sprinter sur le Tour de France. C'était difficile à vivre de ne pas avoir ma chance, surtout quand Mark ne gagnait plus beaucoup. Mais il a toujours prouvé qu'il était le plus fort... Après, pour être honnête, avec le train qu'il y avait dans cette équipe, je pense que j'aurais pu gagner quelques étapes de plus dans ma carrière.

Qui était le pire adversaire à l'approche de l'arrivée ?
Je n'ai jamais eu un adversaire pire que les autres. Et quand tu gagnes, tu t'en fiches de savoir qui finit 2e ou 3e. Quand notre train se mettait en marche, on savait qu'on devait battre tout le monde. Et on y est parvenus un paquet de fois !

Mais Peter Sagan était bon dans tous les domaines. En 2015, sur le Tour de France, je gagne quatre étapes et je ne porte pas le maillot vert. Lui n'en gagne qu'une et il l'enfile à Paris. Quelque part, cela veut bien dire que le meilleur sprinter n'a pas remporté le maillot vert. Mais « c'est la vie » [en français dans le texte]. C'est ça le classement par points...

Faut-il être un peu fou pour être un sprinter ?
D'abord, il faut avoir l'instinct du sprinter. Beaucoup de gens sur Terre sont capables d'aller très vite. Ce qui fait la différence, c'est d'arriver à se mettre en situation de sprinter : il faut beaucoup de force pour être bien placé, être capable de pousser sur les pédales jusqu'à la ligne. Ce n'est pas seulement une question de vitesse. S'il suffisait de mettre les sprinters à 200 mètres de l'arrivée, ce serait bien différent... Mais pendant une course, l'un des objectifs les plus importants, c'est de rester le plus frais possible jusqu'aux 500 derniers mètres.

On pense irrémédiablement à vos succès sur les Champs-Élysées. Pourquoi y gagner est-il si spécial ?
Rouler sur cette avenue, ça signifie que c'est la fin du Tour de France. Et pour un sprinter, c'est très dur d'arriver jusque-là. Il n'y a donc rien de mieux que

Belle récolte sur l'édition 2015 du Tour de France avec quatre victoires d'étapes.

de finir le Tour avec une victoire, dans cette ville spéciale, sur la plus belle course du monde. C'est magique. Y disputer un sprint est très particulier : vous êtes vidé et vous devez trouver de la force je ne sais où. Cela se passe plus dans le ventre que dans les jambes.

Y lever les bras, est-ce unique ?
Rien que de rentrer sur le circuit final, cela met la chair de poule. À chaque fois que je suis arrivé ici, j'ai eu des frissons. Vous entendez la foule, voyez l'Arc de Triomphe. Et puis, lors du sprint, on doit prendre les bonnes décisions au bon moment. Il faut être préparé, être concentré jusqu'au dernier centimètre de la course. Quand tu gagnes, toute la pression des trois dernières semaines s'envole. C'est électrique et, en même temps, un vrai black-out.

En 2015, la veille de votre victoire sur les Champs-Élysées, l'étape se terminait à l'Alpe d'Huez... Vous êtes-vous dit qu'il fallait tenir pour parvenir à voir Paris ?
Tous ceux qui prennent le départ du Tour, c'est pour voir Paris. C'est le premier objectif. Et encore plus quand vous avez ce genre de journée de folie, où vous ne pensez qu'à sauver votre peau. Mais, une fois que le gruppetto est formé, vous êtes plutôt en sécurité. Pour répondre : oui, ce jour-là, toute mon attention était déjà portée sur Paris.

Pourquoi avez-vous gagné 158 courses ?
Parce que j'ai été capable de courir en étant entouré de la meilleure équipe et soutenu par les meilleurs équipiers. Et, aussi, parce que j'ai eu la chance d'être l'un des coureurs les plus forts de ma génération.

Cinq participations au Giro pour le coureur, et jamais fanny.

PORTRAIT

Marcel
KITTEL

GIRO 4 étapes • VUELTA 1 étape • TOUR DE FRANCE 14 étapes

L'ÉTOILE FILANTE

L'Allemand est un paradoxe à lui seul. Le sprinter était sans conteste le coureur le plus puissant de sa génération. Mais ce sport l'a usé, épuisé, dégoûté. Et, finalement, Marcel Kittel aura été la plus brillante des étoiles filantes. En huit saisons seulement, il aura tout gagné. Et tout perdu.

Tout commence en 2011 pour Marcel Kittel. Alors qu'il brille dans les catégories jeunes sur le contre-la-montre, son équipe Skil-Shimano souhaite faire une expérience : et si le géant blond essayait… de sprinter ? Pour ce test, direction la Malaisie et le modeste Tour de Langkawi. Premier sprint, première victoire, premiers frissons. Son équipe voulait tenter un truc, elle vient de tomber par hasard sur un diamant brut. C'est le déclic. Rien qu'en 2011, il va remporter… 17 courses ! Sur le Tour de Pologne, c'est même l'explosion. L'Allemand a 23 ans, personne ne le connaît, il court pour une équipe de deuxième division, il n'a pas de poisson-pilote et n'a absolument aucune référence. Pourtant, en sept jours, il va battre Alexander Kristoff, Tom Boonen, Peter Sagan, Heinrich Haussler, John Degenkolb ou encore Michael Matthews. C'est la naissance d'un phénomène. Le point d'orgue de cette année 2011 ? Sur le Tour d'Espagne, la 7e étape, où il s'impose. Encore.

Son secret, c'est sa puissance animale. 1,88 m, 82 kg, il emmène des braquets de poney sur un engin qui ressemble à un poids lourd. Une fois lancé, personne ne peut rivaliser avec lui en matière de force et d'endurance. Mais pour se faire une réputation quand on est sprinter, gagner ne suffit pas. Il faut briller sur le Tour de France. Il s'aligne donc au départ de l'édition 2012. Alors, pour la première fois de sa toute jeune carrière, le Germanique déçoit. Le froid, le stress, la maladie, rien ne va. Après cinq petites étapes, Kittel rentre chez lui.

La fusée teutonne a signé rien de moins que cinq succès sur le Tour 2017.

Dès 2013, fort de 41 victoires en deux saisons et demie (!), la fusée teutonne revient sur le Tour, en confiance. Dans sa tête, une idée fixe : faire exploser le petit monde du sprint. À Bastia, à Saint-Malo, puis à Tours, il arrache tout sur son passage. Enfin, sur les Champs-Élysées, il domine assez largement André Greipel, Mark Cavendish et Sagan. Le rouleau compresseur d'Arnstadt est passé sur le peloton et a écrasé les meilleurs sprinters du monde. Mais comment lutter face à un train de marchandises ? Eh bien, peut-être, attendre qu'il déraille…

À force de triompher, Kittel ne sait plus perdre. Entre 2011 et 2014, il signe 59 victoires. Et puis, tout s'arrête. Sans qu'on sache pourquoi. La descente est si violente qu'il frôle le crash. La pression qui pèse sur ses épaules est devenue insupportable. Et un sprinter qui ne gagne plus, cela ne sert plus à rien. Son équipe décide de se passer de lui sur le Tour 2015, avant de se passer de lui tout court. L'Allemand est au bord du gouffre.

Il lâche : « Ne pas être sur le Tour de France est le pire moment de ma carrière. Je ne sais pas à quel point les gens en dépression souffrent, mais je crois que je m'en suis suffisamment rapproché. » Et s'il opère un rebond inattendu chez Quick-Step, il lâche ses dernières forces en Belgique. Ses derniers mots de cycliste sont simples. Limpides. « J'ai perdu toute ma motivation pour me torturer sur un vélo. En tant que coureur, tu es sur la route 200 jours par an. J'aimerais bien ne pas voir grandir mon fils via Skype. »

Aussi solide que fragile, aussi impressionnant que touchant, Kittel va raccrocher à seulement 31 ans. L'Allemand n'aura pas été le plus beau, le plus chanceux, ni même le plus fort. Mais du haut de ses 89 victoires, dont 14 sur la Grande Boucle et 19 au total sur les Grands Tours, il aura été, l'espace de quelques années, le plus grand sprinter de sa génération.

Quatorze victoires d'étapes arrachées en six Grandes Boucles, plutôt efficace…

CITATION

Mario
CIPOLLINI

GIRO 42 étapes • VUELTA 3 étapes • TOUR DE FRANCE 12 étapes •

Il suffit d'un coup d'œil et d'à peine quelques secondes pour comprendre que Mario Cipollini n'est pas qu'un cycliste italien. Non, c'est l'Italie dans tout ce qu'elle a de caricaturale, de démonstrative, d'exubérante et, parfois, d'insupportable. Sprinter aussi grandiose de talent que d'arrogance, séducteur vaniteux, machiste assumé, dans *L'Équipe* (10/12/2010), le Roi Lion a sorti les griffes : « À l'amorce d'un sprint, je me sentais comme un gladiateur, prêt à tout pour conserver ma place. Et quand je perdais, je n'étais pas capable d'aller féliciter celui qui m'avait battu. Les champions historiques avaient des visages rudes de taureaux aux naseaux fumant de rage. Maintenant, je ne ressens plus, chez les leaders, la même nécessité intérieure de s'affirmer. Le machisme est en train de disparaître. » « Cipo », le mâle et les mots...

« JE ME SENTAIS COMME UN GLADIATEUR »

Peter
SAGAN

GIRO 2 étapes • VUELTA 4 étapes • TOUR DE FRANCE 12 étapes

CHIFFRE

La donnée brute est étourdissante. Presque surréaliste. En carrière, Peter Sagan a franchi l'arrivée de 1 042 épreuves. Il a terminé 487 fois dans le top 10, soit sur 46,7 % des courses qu'il a finies. À cette occasion, son classement moyen est 47e, mieux qu'Eddy Merckx (55e). Autre information qui plante le bonhomme : sur le Tour de France, « Peto » a porté un maillot distinctif sur... 204 étapes ! Mais le Slovaque n'a jamais eu besoin de cela pour sortir du lot.

46,7%

C'EST CADEAU !

S'il y a une étape des trois Grands Tours qui est convoitée par les sprinters du monde entier, c'est indéniablement celle des Champs-Élysées sur le Tour de France. Le dernier Seigneur à l'avoir inscrit à son tableau de chasse ? L'Irlandais Sam Bennett, le 20 septembre 2020 (21e étape).

L'INFO EN +

Avec ses 55 succès en carrière, Jeroen Blijlevens était l'une des terreurs des années 1990. Le Néerlandais a participé à quinze Grands Tours, le tout pour onze victoires individuelles : deux étapes sur le Giro, quatre étapes sur le Tour de France et cinq étapes sur la Vuelta. Costaud.

GIRO 7 étapes • VUELTA 13 étapes • TOUR DE FRANCE 15 étapes

Freddy MAERTENS

Comment un coureur de cette taille (1,74 m) pouvait-il avoir une telle force ? Mystère. Le plus fou réside dans le fait qu'il a remporté 35 étapes sur les trois Grands Tours, le tout en seulement six participations ! Probablement le plus grand Belge de l'histoire… derrière l'intouchable Eddy Merckx. Freddy Maertens a aussi réussi le tour de force d'être l'un des rares sprinters capables de gagner un Grand Tour (Vuelta 1977). Un phénomène absolu.

GIRO 1 étape • VUELTA 7 étapes • TOUR DE FRANCE 9 étapes

Djamolidine ABDOUJAPAROV

Aussi redoutable… que dangereux dans la dernière ligne droite, l'Ouzbek a remporté le classement par points sur les trois Grands Tours. Une rareté qui en dit long sur sa vélocité hors norme. Mais plus que sa vitesse, c'est sa volonté qui a été son arme majeure. « Abdou » disait souvent : « Si vous voulez gagner, vous devez prendre des risques. » Lui en prenait. Parfois trop.

GIRO 2 étapes • VUELTA 7 étapes • TOUR DE FRANCE 3 étapes

Nicola **MINALI**

Sprinter véloce, sa plus belle victoire est sans doute son succès sur les Champs-Élysées sur le Tour 1997, devant « Monsieur » Erik Zabel. Paradoxalement, et malgré son talent, c'est la seule et unique fois que le Transalpin a pu voir Paris : en cinq participations, il n'a terminé l'épreuve hexagonale qu'une seule fois. Pire, il n'a su terminer que trois Grands Tours sur ses onze engagements. En dépit de cela, il claque douze victoires, dont sept sur la Vuelta.

GIRO 16 étapes • VUELTA 4 étapes • TOUR DE FRANCE 6 étapes

Guido **BONTEMPI**

Le Lombard est un dur au mal, un vrai coriace, capable de se faire mal un peu plus longtemps que les autres. La preuve avec ses 69 victoires conquises. Le temps d'arracher un maillot distinctif sur le Giro 1986. Mais il ne remportera aucun Monument. La sagesse l'a fait délaisser le sprint sur ses dernières années de carrière : il est devenu un capitaine de route, un guide de la jeunesse triomphante, et notamment celui de Nicola Minali, de neuf ans son cadet.

Marino
BASSO

GIRO 15 étapes • VUELTA 6 étapes • TOUR DE FRANCE 6 étapes

Dans la longue tradition des sprinters italiens exclusifs, il n'était pas le meilleur coureur de l'histoire. Mais lâchez-le dans la dernière ligne droite dans de bonnes conditions et la fusée de Caldogno levait les bras. Ce qu'il aimait par-dessus tout, les demi-étapes aujourd'hui disparues. Des courses courtes, nerveuses et omniprésentes dans les épreuves des années 1970. Son plus grand succès ? En France, sur les Championnats du monde 1972, à Gap.

Rik
VAN STEENBERGEN

GIRO 15 étapes • VUELTA 6 étapes • TOUR DE FRANCE 4 étapes

L'homme aux 1 000 victoires. Brillant sur la piste (715 succès), immense sur la route (338 victoires), il faut préciser que les bouquets sur les Grands Tours ne sont pas ses plus grands accomplissements. Triple champion du monde (1949, 1956 et 1957), vainqueur du Tour des Flandres (1944 et 1946), de Paris-Roubaix (1948 et 1952) et de Milan-San Remo (1954), il n'est pas un Seigneur : il est une légende.

Mark CAVENDISH

GIRO 17 étapes • VUELTA 3 étapes • TOUR DE FRANCE 34 étapes •

Un géant de 1,75 m. Son style ? Une boule de nerfs. Le Britannique a tout gagné : 54 étapes sur les trois Grands Tours ; les maillots des classements par points en Espagne (2010), en France (2011 et 2021) et en Italie (2013) ; et même un maillot arc-en-ciel (2011). Sur sa route, il a tout emporté… sauf l'unanimité. Malgré son talent, l'homme est parfois décrit comme arrogant et vantard. Que retiendra l'histoire ? Probablement les deux.

GIRO 4 étapes • VUELTA 9 étapes • TOUR DE FRANCE 9 étapes •

Jean-Paul VAN POPPEL

Le maillot vert du Tour 1987 n'a jamais brillé sur les classiques. Mais le Néerlandais a une bonne excuse : il a toujours préféré les courses par étapes. Et ses 68 victoires plaident pour lui.

Gerben KARSTENS

GIRO 1 étape • VUELTA 14 étapes • TOUR DE FRANCE 6 étapes

Sulfureux sprinter des années 1960 et 1970, il aura autant brillé dans les victoires que dans les bêtises. Le plus grand succès de sa carrière est certainement… son titre olympique avec l'équipe des Pays-Bas lors des JO 1964 (contre-la-montre par équipes).

GIRO 4 étapes • VUELTA 6 étapes • TOUR DE FRANCE 8 étapes

Rudi ALTIG

La machine allemande ! Le sprinter a longtemps partagé sa vie entre la piste et la route. Véritable colosse de son époque (1,80 m et 80 kg dans les années 1960), il a brillé sur tous les terrains : vainqueur d'une Vuelta (1962), porteur du maillot de leader sur le Tour, champion du monde 1966. Et si c'était l'un des plus grands sprinters de sa génération, il était aussi le rouleur le plus redoutable de son temps.

GIRO 1 étape • VUELTA 12 étapes • TOUR DE FRANCE 1 étape

Marcel WÜST

Un Seigneur allemand de plus. Mais lui est entré dans le club au cours de son ultime saison professionnelle. Lors de la 5e étape du Tour de France 2000, il l'emporte et signe une 14e et dernière victoire sur les Grands Tours. Il prendra sa retraite cette même année, suite à un terrible accident qui le privera de l'usage de son œil droit.

Walter GODEFROOT

GIRO 1 étape • VUELTA 2 étapes • TOUR DE FRANCE 10 étapes

Le Bouledogue flamand a réussi un tour de force titanesque : remporter 61 courses, dont Paris-Roubaix, le Tour des Flandres et Liège-Bastogne-Liège, le tout en partageant la même époque qu'Eddy Merckx, Freddy Maertens et Rik Van Looy. Bref, une pointure. Il est le premier vainqueur de l'histoire sur les Champs-Élysées, sur le Tour de France 1975.

John
DEGENKOLB

GIRO 1 étape • VUELTA 10 étapes • TOUR DE FRANCE 1 étape

Ses douze victoires sur les trois Grands Tours ne reflètent pas son talent. Souvent poisson-pilote de Marcel Kittel, il a malheureusement connu un grave accident en 2016. Avant ça, 42 succès. Après ? Seulement six petites victoires. Vainqueur à San Remo et à Roubaix en 2015, l'Enfer du Nord reste sa course préférée.

Rino
BENEDETTI

GIRO 4 étapes • VUELTA 1 étape • TOUR DE FRANCE 1 étape

Avec six victoires d'étapes, le Toscan est un petit Seigneur. Mais à tout Seigneur, tout honneur : sa plus grande course n'est pas une victoire, mais un beau podium. Celui qu'il décroche sur Milan-San Remo en 1961, où il termine sur la troisième marche derrière Raymond Poulidor et Rik Van Looy.

GIRO 1 étape • VUELTA 2 étapes • TOUR DE FRANCE 1 étape

Seamus ELLIOTT

Premier Irlandais à faire carrière en Europe, il sera l'un des hommes de base de Jacques Anquetil et Jean Stablinski. Ses quatre victoires obtenues sur les trois Grands Tours ne témoignent qu'injustement de son talent. Il restera le premier anglophone porteur du maillot jaune. Malheureusement, quelques jours après la mort de son père, on découvre le corps du coureur, une balle dans la poitrine. Suicide ou pas, le doute demeure. Mais c'est une fin dramatique : « Shay » n'avait que 36 ans.

Ercole GUALAZZINI

GIRO 4 étapes • VUELTA 1 étape • TOUR DE FRANCE 2 étapes

Sprinter occasionnel, l'Italien est parvenu à conjuguer une vie d'équipier et des résultats honorables. *Gregario* de Felice Gimondi, Roger De Vlaeminck, Patrick Sercu ou encore Giuseppe Saronni, il n'a remporté « que » douze victoires en carrière. Dont sept rien que sur les Grands Tours. Bravo !

GIRO 5 étapes • VUELTA 3 étapes • TOUR DE FRANCE 1 étape

Elia **VIVIANI**

Dernier représentant en date de cette race commune mais brillante des sprinters italiens, Elia Viviani a claqué neuf étapes sur les trois Grands Tours. Mais il ne compte qu'une seule petite victoire sur la Grande Boucle.

Sur piste ? Un monstre. Champion olympique d'omnium (2016), double champion du monde de course à l'élimination (2021 et 2022) et nonuple champion d'Europe. Preuve qu'il va très très vite.

Fabio **BALDATO**

Le sprinter transalpin était un coureur élégant et longiligne. Doté d'une belle pointe de vitesse, c'était surtout sa capacité à être rapide après des courses difficiles qui lui ont permis de décrocher 40 victoires en carrière. Son malheur ? Être resté à la porte des Monuments : 2e de Paris-Roubaix (1994), du Tour des Flandres (1995 et 1996) et de Milan-San Remo (2000). Terrible.

GIRO 4 étapes • VUELTA 2 étapes • TOUR DE FRANCE 2 étapes

GIRO 3 étapes • VUELTA 4 étapes • TOUR DE FRANCE 6 étapes

Guido REYBROUCK

Difficile d'être un coureur belge des années 1960-70 et d'avoir un solide palmarès. Mais Guido Reybrouck aura eu le bonheur de dominer Rik Van Looy, Edward Sels, René Vandenberghe, Walter Godefroot ou encore Eddy Merckx une quarantaine de fois en carrière, dont treize fois sur les Grands Tours.

GIRO 5 étapes • VUELTA 1 étape • TOUR DE FRANCE 5 étapes

Caleb EWAN

L'Australien est une petite pépite. Physique d'abord : 1,67 m de puissance redoutable. De précocité ensuite : à 17 ans, il réglait au sprint Robbie McEwen et Allan Davis. De caractère enfin : le garçon n'aime ni les ordres, ni se faire mal. Aussi, s'il gagne des étapes, il perd souvent les pédales. En onze participations à la Vuelta, au Giro et au Tour de France, il n'a terminé que trois fois. Et encore, uniquement sur la Grande Boucle et juste pour essayer de gagner sur les Champs-Élysées...

Le Norvégien a plus souvent brillé sur les routes du Tour de France (maillot vert 2005 et 2009), mais pas seulement ! Ses 66 victoires en attestent. De quoi se faire un palmarès et une réputation. Ses surnoms ne laissent pas de place au doute quant à son style : le Viking, le Bœuf de Grimstad ou Thor. Un colosse.

Thor HUSHOVD

GIRO 1 étape • VUELTA 3 étapes • TOUR DE FRANCE 10 étapes

Mads PEDERSEN

GIRO 1 étape • VUELTA 3 étapes • TOUR DE FRANCE 2 étapes

Si l'on devait remettre la palme du coureur le plus dur au mal de sa génération, le Danois serait un candidat légitime. Et si sa pointe de vitesse ne vaut pas celle de Mark Cavendish, Fabio Jakobsen ou même Peter Sagan, mettez-lui du vent, du froid, de la pluie et plus de 200 bornes, et il sera au rendez-vous. Champion du monde surprise en 2019, il a prouvé depuis que ce titre ne devait rien au hasard.

Plus puncheur que sprinter, plus baroudeur que fulgurant, ses neuf succès sur les Grands Tours permettent cependant de le catégoriser comme un coureur véloce. Comme de nombreux Danois, il n'est pas un finisseur exclusif, et ses succès se sont souvent forgés dans la sueur et des courses difficiles.

VUELTA 6 étapes • TOUR DE FRANCE 2 étapes • GIRO 1 étape •

Magnus **CORT NIELSEN**

Edward **SELS**

« Ward » était un immense coureur au palmarès injustement limité. Vainqueur d'un Monument (Tour des Flandres 1966), mais souvent privé de la victoire par d'immenses champions, il se consolera avec 32 succès en carrière, dont dix sur les trois Grands Tours.

VUELTA 2 étapes • TOUR DE FRANCE 7 étapes • GIRO 1 étape •

Michael MATTHEWS

GIRO 3 étapes • VUELTA 3 étapes • TOUR DE FRANCE 4 étapes •

Peut-être plus puncheur que sprinter véritable, l'Australien a décroché un maillot vert sur le Tour de France 2017. Une petite trace de son talent, qui restera pour l'éternité. Étrangement, son équipe a récemment décidé de se passer de lui sur la Grande Boucle 2023. À l'issue de la saison 2023, son compteur est donc resté bloqué à dix victoires sur les Grands Tours.

Sam BENNETT

GIRO 3 étapes • VUELTA 5 étapes • TOUR DE FRANCE 2 étapes •

Ce sprinter est une étoile filante. Ses dix succès sur les Grands Tours ont tous été accomplis entre 2018 et 2022. Véloce, forcément, il a remporté sa plus belle victoire sur les Champs-Élysées. Un succès qui le confortera au classement par points du Tour de France 2020. Qui pouvait se douter que le vert irait si bien à un Irlandais ?

GIRO 5 étapes • VUELTA 3 étapes • TOUR DE FRANCE 3 étapes

Ján SVORADA

Tchécoslovaque, puis Slovaque et enfin Tchèque, son parcours sportif est moins tortueux que son parcours de vie. Il faut dire que l'essentiel de sa carrière se résume en une ligne droite au bout de laquelle il a triomphé 67 fois. Son plus beau succès ? Sa victoire sur les Champs-Élysées, à Paris (Tour 2001), forcément.

Il a tout appris aux côtés de Mario Cipollini, dont il était le lieutenant. Puis a tout redonné en finissant sa carrière en tant que capitaine de route. Entre les deux ? Une carrière riche de 53 victoires, dont onze sur les Grands Tours et deux maillots distinctifs majeurs : les classements par points de la Vuelta 2007 et du Giro 2008.

GIRO 3 étapes • VUELTA 6 étapes • TOUR DE FRANCE 2 étapes

Daniele BENNATI

4

LES SEIGNEURS DE FRANCE

Ils sont bien évidemment moins nombreux que ce qu'on espérait. Mais ils font partie d'une caste à part entière : les nobles de la petite reine. De Jacques Anquetil à Thibaut Pinot, de Laurent Jalabert à Thierry Marie, de Jean Stablinski à Laurent Fignon, ils ont fait les beaux jours et les grands moments du sport tricolore. Ils sont neuf. Ils ont écrit la légende du cyclisme hexagonal.

Chapitre 4

LE JOUR OÙ...

Jean-François **BERNARD**

A TERRASSÉ LE VENTOUX

GIRO 4 étapes • VUELTA 1 étape • TOUR DE FRANCE 3 étapes

UN SUCCÈS MONUMENTAL

19 juillet 1987, la Grande Boucle est de passage dans le Vaucluse. Et ce matin, la France a peur. Car au milieu des lavandes et des vignes, la bête est là… Face à vous se dresse le Ventoux. Le terrifiant monolithe. Lui, ses premiers contreforts abrupts mais encore verts. Sa pente qui écrase tout. Ses pourcentages asphyxiants. Puis les arbres qui se font rares et cèdent, peu à peu, sous les assauts du vent, du soleil et du temps. Ici, le végétal a renoncé face à la fureur blanche et au minéral triomphant. C'est ici, dans ce théâtre désertique, lunaire, que va s'écrire l'un des sommets du cyclisme tricolore.

Pour cette 18e étape, Xavier Louy, le directeur du Tour, a réservé un contre-la-montre de 36,5 kilomètres qui doit mener tout le monde au sommet du « mont chauve ». Une épreuve en solitaire qui ressemble à un juge de paix de cette édition 1987. Celui qui triomphera au Ventoux prendra, à coup sûr, une option sur la victoire finale. Parmi les candidats, un certain Jean-François Bernard. Le Nivernais est un coureur prometteur, qu'on compare souvent à l'illustre Bernard Hinault. Il compte 1 minute et 11 secondes de retard sur le leader du classement général, Charly Mottet.

Le défi est immense : lutter avec Pedro Delgado, Stephen Roche, Mottet et les autres ; faire oublier le Blaireau qui vient de raccrocher ; et le tout, sur les terribles pentes d'un sommet légendaire. « Jeff » Bernard se souvient : « Je le savais depuis la veille. Je savais que j'allais faire un truc. Je pensais, au vu de l'adversité et du niveau, arriver au moins dans les cinq premiers. Mais, rapidement, j'ai su que j'étais dans un jour exceptionnel. Ceux qu'on connaît rarement dans une carrière. »

PERFECTION

Oui, le 4e du dernier Paris-Nice semble intouchable. À chaque intermédiaire, il creuse. Il dompte la pente. Il ridiculise ses concurrents et atomise le Tour ! « J'avais les jambes pour faire un numéro. J'avais tenté un coup de poker en changeant mon guidon. Seulement, pour gagner, même au poker, il faut avoir le jeu. Ce jour-là, tout était réuni. » Le chrono va le prouver : Luis Herrera est à 1 minute et 39 secondes. Delgado, Fabio Parra et Roche à 2 minutes ou plus. Mottet, en jaune et 9e à l'arrivée, concède 4 minutes !

Au sommet du podium et du classement général à l'issue de son ascension.

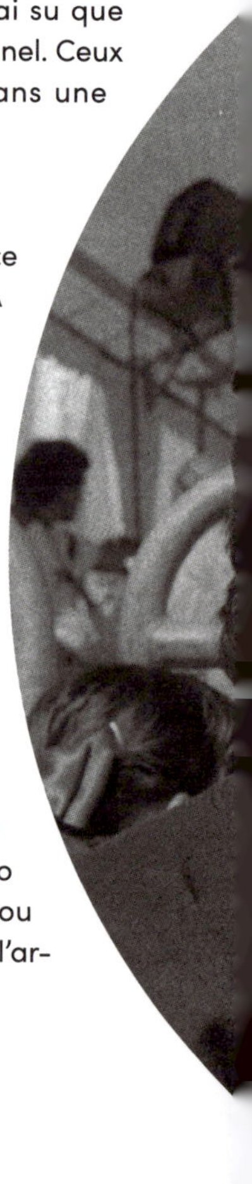

Le triomphe est total. Était-ce le plus grand jour de sa carrière ? « J'ai déjà été très fort, dans le col d'Èze, au mont Faron, même durant la Vuelta. Mais c'est tellement plus dur sur le Tour. L'adversité, la pression, c'est plus difficile parce qu'on est Français… Gagner, cela reste un moment exceptionnel. Alors, la victoire plus le maillot jaune, c'est encore plus fou. »

La suite de la carrière du vainqueur du jour sera plus délicate. Après la lumière soudaine qui accompagne un succès de légende, il doit à partir de là être à la hauteur des attentes des autres. « On est arrivés à un moment, avec certains coureurs de ma génération comme Charly, où il fallait trouver un remplaçant à Hinault. Les journalistes français se sont dit : "Ça y est !" Le problème, c'est que ce n'est toujours pas arrivé quarante ans plus tard. [il sourit] Mais quand je fais le point sur ma carrière, le bilan que j'en fais, c'est qu'on peut être un très bon coureur sans jamais être un grand champion. »

Ce 19 juillet 1987, en 1 heure 19 minutes et 44 secondes, la perfection cycliste avait un nom : Jean-François Bernard, l'homme qui avait terrassé, à lui seul, le Ventoux.

Avec Bernard Tapie, patron de l'équipe Toshiba-La Vie Claire.

« JAMAIS DE PETITE VICTOIRE SUR UN GRAND TOUR »

CONFIDENCES

Charly
MOTTET

GIRO 1 étape • VUELTA 2 étapes • TOUR DE FRANCE 3 étapes

Avec 57 victoires en carrière, dont le Tour de Lombardie 1988, Charly Mottet se classe parmi les plus grands cyclistes français. Pour raconter les courses, en revanche, l'ex-numéro un mondial est incontestablement le meilleur. Retour sur quelques-uns des succès de Petit Charly.

Savez-vous combien de victoires vous avez remportées sur les Grands Tours ?
Une sur le Giro, deux en Espagne et trois sur le Tour de France. Et puis, une quatrième par équipes, mais celle-là ne compte pas. [rires]

Exact ! Parmi ces victoires, quelle est la plus savoureuse ?
On va dire que la plus surprenante est probablement celle à Saint-Herblain sur le Tour 1991 [11e étape]. Les 400 derniers mètres, je m'en souviens encore. Tout le monde pensait que ce serait une étape de transition… alors que ce fut une étape de folie. On avait bouclé pas loin de 250 bornes à une moyenne de 46,9 km/h. Les Panasonic ayant loupé la bonne échappée, Peter Post avait fait travailler son équipe. On était arrivés avec plus de 40 minutes d'avance sur le meilleur horaire. Normalement, les journalistes prenaient le temps de s'arrêter pour manger sur le bord de la route, mais là, certains n'avaient rien pu avaler. D'autres avaient même carrément manqué l'arrivée. [rires]
À la flamme rouge, Greg LeMond est dans →

Le Drômois était surtout un pur spécialiste du contre-la-montre.

ma roue. On arrive sur une partie où ça monte franchement, puis les 500 derniers mètres étaient plats. Dans le petit groupe, tout le monde enlève des dents dans la montée, sauf moi. Et à l'époque, on était sur du 53-13, ce qu'il y avait de plus gros en matière de braquet. Je lance alors une attaque et j'arrive à prendre une centaine de mètres d'avance. En fait, j'avais fait comme si l'arrivée était au panneau des 500 mètres et j'avais lancé mon sprint, sauf qu'il restait encore 500 mètres ! [rires] J'étais dans le brouillard complet.

J'ai jeté un coup d'œil à 100 mètres de l'arrivée, juste pour voir si j'avais le temps de lever les bras, parce que je pensais vraiment qu'ils allaient revenir. Mais ils ne m'ont pas revu. C'est Johan Museeuw qui finit 2e. J'ai quand même eu la lucidité de lever les bras. C'est la plus intense de mes victoires. C'était magique. De l'adrénaline pure.

Et le lendemain, vous levez de nouveau les bras à Jaca !

Une fois la course partie, je m'en voulais d'avoir loupé la bonne échappée ! J'avais des jambes de feu et je pensais qu'ils allaient se regarder derrière avec Laurent Fignon, Miguel Indurain et LeMond. Comme je m'étais dit que je ne pouvais pas louper cette occasion, j'étais ressorti et j'avais bouché 4 minutes tout seul, dans la montée, puis dans la descente. On s'était ainsi retrouvés à trois devant, avec Luc Leblanc qui était intéressé par le maillot jaune. Je lui ai balancé : « Pas de pot pour toi, c'est moi qui vais remporter l'étape. » Le troisième, Pascal Richard, allait vite au sprint, mais j'avais tellement de bonnes jambes...

Dans ma tête, j'étais persuadé de gagner. Je l'ai dit à Leblanc qui m'a répondu : « Non, non, non... » Je l'ai prévenu : « Si je lève les bras avec 3 secondes d'avance sur le peloton ou 3 minutes, je m'en fous. Mais je vais gagner. » D'autant plus qu'il perdait le maillot jaune s'il ne roulait pas. Mais

il a mis un moment à le saisir. Avec Pascal, on ne comprenait pas pourquoi il ne roulait pas. [rires] C'est mon dernier succès sur un Grand Tour. Je savais qu'il serait difficile d'en remporter d'autres. Il n'y a jamais de petite victoire sur un Grand Tour.

Avec ces succès, vous êtes-vous dit que vous auriez pu faire mieux sur les Grands Tours ?

J'avais déjà eu un déclic en soulevant mon premier Grand Prix des Nations [épreuve de contre-la-montre] en 1985. Et ensuite, sur mon premier Tour de France en 1985. Sur le chrono, Bernard Hinault devance Stephen Roche [8e étape]. Moi, je fais 3e. C'était un contre-la-montre monstrueux de 75 kilomètres ! À partir de là, je savais que j'avais des chevaux sous le capot. En plus,

Il porte le maillot jaune pendant six jours en 1987, avant de finir au pied du podium.

Un Seigneur de plus ayant disputé une seule édition d'un Grand Tour (Vuelta 1986).

à cette époque, Jacques Goddet et Félix Lévitan [codirecteurs de la Grande Boucle] voulaient un Grand Prix des Nations à chaque Tour de France. Résultat, à chaque fois, on avait un chrono de 70 ou 80 bornes. Et souvent un ou deux autres : on faisait 120 kilomètres de chrono… C'est là que je me suis dit que je pouvais gagner un Grand Tour.

Pouvez-vous nous raconter votre victoire d'étape sur la Vuelta 1986 ?

Les victoires, ce sont toujours des histoires surprenantes. Sur la 3e ou 4e étape, j'avais pris un coup de bordure. On était paumés dans La Mancha avec Alain Bondue. On était les derniers du peloton. Alors, on avait remonté les groupes un par un. Sauf la dernière bordure, où on est venus mourir tous les deux à 100 mètres. Le soir, je me prends une engueulade terrible par Cyrille Guimard [patron de Système U]. Deux ou trois jours après, je remporte le contre-la-montre [11e étape]. Franchement, je ne m'y attendais pas. Guimard non plus. Je vais donc sur le podium et j'en descends, comme souvent en Espagne, avec des grosses coupes avant de monter dans la voiture de Guimard qui doit me ramener →

à l'hôtel. Et je lui dis : « Tu vois, Cyrille, pas la peine de t'énerver, on a gagné aujourd'hui. » Il me répond : « Pauvre con, ce n'est pas l'étape que tu aurais dû gagner, c'est la Vuelta ! » Là, je me suis dit que j'aurais mieux fait de me taire. [rires]

Est-ce la même valeur de gagner en France ou ailleurs ?
Des victoires, dans une carrière, il n'y en a pas tant que cela. Et gagner sur le Tour, ça change tout. Ce que j'ai vite compris. L'édition 1989, que j'ai terminée à la 6e place, est ma meilleure à mes yeux, alors que je n'avais fait que suivre. J'étais moins fort que les cinq devant et je ne pouvais pas faire mieux, mais c'était mon Tour de France le plus abouti et l'un de mes meilleurs Tours tout court. Pourtant, en rentrant chez moi, on m'a dit : « Bah cette année, Charly, on ne t'a pas vu sur le Tour de France... »

En 1990, je fais 2e du Tour d'Italie derrière Gianni Bugno. Du coup, comme j'étais un peu cramé sur le Tour, je me suis concentré sur les étapes. J'étais à la rue tous les jours, je terminais à une heure du 1er. Mais je gagne à Revel [15e étape]. Et là, quand je suis rentré, tout le monde m'a dit : « Oh super ! Incroyable ! » Je me suis dit dans ma tête : « Eh bien, si vous saviez... » Mais j'avais gagné sur le Tour, alors la saison était réussie aux yeux du grand public. Là, j'ai compris que je devais jouer les étapes.

C'était quoi votre moteur, votre motivation, la raison qui vous faisait gagner des courses ?
J'ai gagné pour le goût de la victoire. Cela fait partie du métier. Un leader qui ne gagne pas, ce n'est pas normal. Dans la victoire, la part de rêve est importante. Quand on est jeune, on ne s'en aperçoit pas. Quand on vieillit, on se pose ensuite la question : quelle est la finalité de notre métier ?

Alors, quand on a pris de l'âge et qu'on se rend compte que c'est la dernière année, qu'on sait que c'est la dernière course de sa carrière, on s'aperçoit que c'est pour faire rêver les gens. On rêve, nous, sur le vélo. Mais on fait rêver les autres. Et c'est le plus important. Le Tour de France, c'est bien plus qu'une course. C'est créer du souvenir.

À Saint-Herblain, sur le Tour 1991, la délivrance après… 246 kilomètres de course.

Charly MOTTET
système
système
système

PORTRAIT

Thierry
MARIE

GIRO 1 étape • VUELTA 1 étape • TOUR DE FRANCE 6 étapes

LA DOUCEUR DU BISON

Cet as du contre-la-montre était le coureur le plus puissant de sa génération. Un colosse tout en paradoxes : aussi fort que fragile, aussi drôle que touchant, aussi sûr de sa force… que doutant de tout le reste. Retour sur la carrière de Thierry Marie.

Il y a dans son regard bleu azur et dans son sourire parfait une mélancolie curieuse. Comme si, malgré tous ses succès, Thierry Marie n'était, au fond de lui, jamais parvenu à surmonter sa timidité d'enfant. La victoire était plus proche du soulagement que de l'extase. Et pourtant, des courses, le Normand en a gagné quelques-unes… Huit sur les Grands Tours, 46 en carrière au total. Comment ? En étant celui qui se fait mal un peu plus longtemps que les autres.

Sa spécialité a toujours été la même : les chronos, courts, intenses, explosifs. Il confesse : « La technique du prologue est particulière. Il faut être un peu kamikaze. Un peu fou. » Charly Mottet à son sujet : « Thierry ? C'était la puissance absolue. Il avait une force phénoménale dans les cuisses, dans les reins… Un taureau ! » Réponse de l'intéressé : « Merci à la génétique. Mon père était un colosse. Moi, j'étais un dur. »

Sur le vélo, Marie est un bison. Mais un bison discret. Au moins jusqu'à son premier succès sur le Tour de France, en 1986, au terme du prologue de Boulogne-Billancourt, devant Bernard Hinault, Laurent Fignon, Greg LeMond et tout le grand monde. « C'est là que je me suis fait remarquer, admet-il. Mais la fierté, elle est d'abord familiale. Je revois mon papa au pied du podium. J'ai eu le temps de savourer avec lui. Je ne sais pas si j'ai eu le temps de me rendre compte de tout ce qui se passait. La joie de mes parents, c'est néanmoins ça le plus fort. Mes parents, c'est mon socle, ce sont mes fondations. »

Les succès suivants confirment le talent du diamant normand. Sur les prologues du Futuroscope (Tour 1990) et de Lyon (Tour 1991),

Le Français s'est offert un prologue sur chacun des trois Grands Tours.

À l'arrivée, il s'impose dans les rues du Havre, après l'un des plus longs raids solitaires de l'histoire. Lucide, il conclut : « Ce jour-là, je suis rentré dans la légende du Tour. Ce n'est pas avec des prologues qu'on rentre dans l'histoire. Sans celle-là, j'aurais fait partie de ces coureurs exclusifs et monotâches, tel Charly Grosskost. Ce n'est déjà pas mal. Mais là, cela a élargi mon domaine de compétences. »

Reste une facette qu'on ignore trop souvent. Les motivations intimes des coureurs. « Je ne sais pas pourquoi j'ai gagné. Je ne le saurai peut-être jamais, dévoile-t-il. Je pense que je gagnais pour exister. D'ailleurs, l'après-carrière n'a pas été terrible. Le plus dur a été de digérer les succès. Si j'avais eu une carrière sans émotions, il aurait été plus facile de tourner la page. Passer à la vie normale... J'étais perdu. J'ai mis dix ans à m'en remettre. Je le sais, je ne revivrai pas de telles émotions. Mais peu importe. Il y a d'autres choses dans la vie. Il faut découvrir les autres mondes. Ce qui me rend le plus fier ? Je dirais... Je dirais que j'ai fait du bien autour de moi. » Thierry Marie, un seigneur parmi les Seigneurs.

en Espagne, sur le Giro... Mais deux victoires sur la Grande Boucle vont le faire rentrer dans le cœur des Français. La première en 1988, à Chalon-sur-Saône. Face à un peloton organisé et convaincu d'arriver au sprint sur cette 20e étape, il attaque et fait le coup du kilomètre. « À cette époque, il y avait des failles dans les trains. Ils mettaient des gars qui ralentissaient le peloton. C'était une question de vista, de métier. J'ai tenté le coup parce qu'il y avait une opportunité. Ce n'était pas vraiment prémédité. » Prévu ou non, à l'arrivée, c'est la victoire. En costaud. En patron. « J'étais plus satisfait de la stratégie de course que du résultat. Parce que là... eh bien, je les avais niqués ! » [rires]

L'autre succès qui va marquer la mémoire collective française est héroïque. Sur la 6e étape du Tour 1991, à plus de 200 kilomètres de l'arrivée, il démarre seul sur les routes de sa Normandie. La suite, c'est lui qui raconte : « Cela ne m'est pas arrivé souvent dans ma vie, mais j'ai eu cette impulsion, cette pulsion. Pourtant, tout était bon pour que je me relève : je me retourne, Bernard Hinault est dans la voiture. Et je le vois faire un signe "Il est fou ! Il est fou !" » Coup de folie victorieux.

Au Havre, en 1991, il entre dans la légende grâce à sa folle échappée en solitaire.

CITATION

Jean STABLINSKI

GIRO 2 étapes • VUELTA 3 étapes • TOUR DE FRANCE 5 étapes

À 34 ans, Jean Stablinski est un vieux de la vieille. Équipier modèle, le Renard a écrit dans l'ombre de Jacques Anquetil quelques jolies lignes à son palmarès personnel : la Vuelta 1958, les Championnats du monde 1962 et quatre titres de champion de France entre 1960 et 1964. Comment expliquer ces résultats alors qu'il ne va pas si vite que ça au sprint, qu'il n'est pas le meilleur grimpeur, ni un puncheur inoubliable ?

L'ex-maillot arc-en-ciel a un secret, qu'il livre à la télévision en 1966. « J'ai quand même vu pas mal de générations passer. J'ai couru avec Fausto Coppi, Ferdi Kübler, Louison Bobet. Et maintenant, avec les jeunes. Je connais leurs réactions en course. Et je sais déceler une bonne échappée. Je connais la valeur des gars et je peux juger si c'est la bonne ou pas. »

Il hume, il respire, il sent la course comme personne. Après Anquetil, il se mettra avec talent au service de Lucien Aimar, puis de Roger Pingeon, portant son total de victoires sur la Grande Boucle à sept en tant que lieutenant. Le flair du Renard a parlé.

« JE SAIS DÉCELER UNE BONNE ÉCHAPPÉE »

Ce chiffre, c'est un morceau de patrimoine qu'on raconte, qu'on revoit, qu'on revit. Il y a le chiffre, infime. Il y a ce décompte du commentateur télé Patrick Chêne : « 5, 4, 3, 2, 1. » Et cette sentence qui tombe : « Laurent Fignon a perdu le Tour de France 1989. » Greg LeMond s'impose pour 8 secondes. Le pays n'est pas en deuil. Il est en état de choc. Cette dernière étape a tellement marqué la France du vélo qu'il faudra attendre 2024 pour revoir un contre-la-montre sur une dernière étape. Trente-cinq ans pour oublier les 8 petites secondes les plus cruelles de l'histoire de la Grande Boucle.

C'EST CADEAU !

En mai 1960, Jean Stablinski est devenu le 9e Seigneur de l'histoire et le premier Français à intégrer ce club désormais select. En 1966, le Nordiste est encore entré dans les annales en remportant la 1re édition de la future plus célèbre classique des Pays-Bas, l'Amstel Gold Race.

L'INFO EN +

Qui aura l'honneur d'être le prochain Tricolore à siéger à la table des Seigneurs de France ? Romain Bardet à qui il manque encore une simple victoire sur le Giro ? Tout comme Warren Barguil et Julian Alaphilippe. Ou Arnaud Démare qui rêve de lever les bras sur la Vuelta (voir chapitre 9) ?

Thibaut PINOT

GIRO 1 étape • VUELTA 2 étapes • TOUR DE FRANCE 3 étapes

Il a incarné, l'espace de quelques années, le romantisme à la française. Capable de battre n'importe qui tant que la route s'élève, il fait partie de la race des grimpeurs géniaux. Il avait peut-être le Tour de France dans les jambes, la France aura Thibaut Pinot dans le cœur. Il raccroche en 2023 dans un torrent totalement fou, et sur les routes du Tour de Lombardie, le seul Monument qu'il aura gagné.

Laurent JALABERT

GIRO 3 étapes • VUELTA 18 étapes • TOUR DE FRANCE 4 étapes

« Jaja » est un phénomène : il a levé les bras en solitaire, au sprint, en montagne, sur un chrono ou en puncheur. Résultat, il est le deuxième Tricolore le plus victorieux de l'histoire derrière l'inévitable Bernard Hinault. Vainqueur de la Vuelta 1995, de deux Monuments, du Championnat du monde du contre-la-montre 1997 et de dix maillots distinctifs sur les Grands Tours, Laurent Jalabert est un monstre.

Jacques ANQUETIL

GIRO 6 étapes • VUELTA 1 étape • TOUR DE FRANCE 16 étapes

Coureur moderne avant l'heure, magnifique grimpeur, mais surtout rouleur d'exception, il est l'un des plus grands champions français de l'histoire, avec neuf Grands Prix des Nations (l'équivalent des Championnats du monde du contre-la-montre) et huit Grands Tours au palmarès – dont cinq Tours de France. Raphaël Géminiani, son adversaire puis patron, le décrivait comme « un moteur de Formule 1, un ordinateur et un alambic ».

Bernard HINAULT

GIRO 6 étapes • VUELTA 7 étapes • TOUR DE FRANCE 28 étapes

Le Blaireau est le plus grand cycliste français de tous les temps. Vainqueur de tout ce qu'on peut imaginer, détenant tous les records, il a signé 146 victoires en carrière, une prouesse pour un coureur qui n'a jamais dédié sa vie au sprint. Un seul peut lui contester le trône du plus grand champion de tous les temps : Eddy Merckx. Pour une fois, le Breton devra se contenter de la 2e place.

5

LES CHASSEURS D'ÉTAPES

Spécialistes des classiques, capables de gagner sur tous les terrains, ils ont marqué l'histoire du cyclisme et des Grands Tours. Parfois puncheur, tantôt sprinter ou grimpeur, ces champions d'exception partagent quelques caractéristiques communes, sont souvent les plus costauds... et toujours les plus malins.

Chapitre 5

LA MÉTAMORPHOSE À L'ITALIENNE

LE JOUR OÙ...

Gianni **BUGNO**

S'EST PARÉ DE ROSE

GIRO 9 étapes • VUELTA 2 étapes • TOUR DE FRANCE 4 étapes

Bari, 18 mai 1990. La foule se presse près du théâtre Margherita, sous un beau soleil printanier. Mais si l'on est venu en masse, ce vendredi, ce n'est pas pour profiter de la douceur de l'Adriatique ou pour allumer un cierge à l'église de l'archange Saint-Michel à deux rues de là. Même si, peut-être, le miracle italien qui va suivre a démarré de cette manière. Si le public est venu dans les Pouilles, c'est pour assister au départ d'un Giro qui, sur le papier, est d'une qualité rare. Vont s'élancer, depuis une petite rampe vert pelouse, les plus grandes stars internationales : Laurent Fignon – vainqueur sortant du Giro –, Marco Giovannetti – qui vient de gagner la Vuelta trois jours plus tôt (!) –, Claudio Chiappucci – jeune grimpeur prometteur –, les redoutables Phil Anderson et Marino Lejarreta, le vieux mais légendaire Giuseppe Saronni ou encore l'épouvantail tricolore Charly Mottet.

Alors que le Giro semble promis à l'un de ceux-là, l'étape du jour semble dessinée pour un rouleur. Et le prodige Gianni Bugno fait partie des favoris. Voilà quelques années qu'il est annoncé comme un phénomène. Un statut qu'il peinait à confirmer jusqu'à cette année 1990. Heureusement, le 17 mars précédent sur Milan-San Remo, le Transalpin de 26 ans a remporté son premier Monument. Mais voilà, s'il est un coureur puissant, il est aussi lourd, trop massif pour être un candidat sérieux à la victoire finale. Et l'Italien cache un secret : après une chute sur le Giro 1988, il souffre d'un problème d'oreille interne. L'altitude lui cause des vertiges et des étourdissements qui semblent inconciliables avec les Grands Tours. Comment atteindre les sommets du cyclisme mondial quand les montées vous font tourner la tête ?

TOUR DE FORCE

À Bari, donc, les cadors s'élancent. Certains craquent déjà un peu, comme Fignon ou Chiappucci. Ce n'est pas le cas de Thierry Marie. Le Bison de Normandie avale les 13 kilomètres en 15 minutes et 22 secondes, temps de référence s'il vous plaît. Puis c'est au tour de Bugno de s'élancer de l'estrade, de longer la mer dans les deux sens, et de finir au bord des crampes à quelques encablures du point de départ. Une boucle à fond, sans réfléchir et sans calculer. Au bout de son effort, à l'arrivée, le Transalpin réalise le premier exploit de son Giro 1990 : il bat le temps de Marie de 3 secondes.

Leader du général de la première à la dernière étape du Giro 1990. Vous avez dit génie ?

Il reste pourtant un dernier concurrent qui peut reprendre le pouvoir : Greg LeMond. L'Américain se présente au départ dans sa tunique irisée de champion du monde du chrono. Un exercice dans lequel il a arraché le Tour de France des mains de Fignon l'année précédente. L'Italie retient son souffle. Et respire rapidement. Le rouleur californien est à la peine, puis carrément à la rue. Bugno a gagné. Il est le premier... et le dernier porteur du maillot rose sur ce Giro.

À la surprise générale, le monstre ne va jamais flancher, ne jamais baisser de pied, ne jamais craquer. Le coureur de Château d'Ax réalise un tour de force qui n'a été accompli qu'une seule fois sur un Grand Tour depuis (Tony Rominger sur la Vuelta 1994) : gagner en gardant le maillot de leader de bout en bout. Un triomphe sur un Grand Tour aussi impressionnant qu'inattendu. Un bonheur qu'il ne connaîtra jamais plus. En 1990, Bugno est devenu, l'espace d'une course, l'égal d'Eddy Merckx, de Costante Girardengo et d'Alfredo Binda. Même si, dans les faits, il a surtout rejoint Fausto Coppi dans le cœur des *tifosi*. Un succès faisant de lui la plus grande star italienne de sa génération.

Après le rose, le Seigneur #58 endosse le maillot arc-en-ciel en 1991 et 1992.

« BEAUCOUP D'IMAGES QUI SE BOUSCULENT DANS LA TÊTE »

CONFIDENCES

Laurent JALABERT

GIRO 3 étapes • VUELTA 18 étapes • TOUR DE FRANCE 4 étapes

Au cœur des années 1990, il était l'histoire impossible de nos étés. Mais son destin, c'était celui d'un antihéros. On lui promettait le Tour et tout le monde en a rêvé, à commencer par lui-même. Laurent Jalabert, le Panda, « Jaja » pour les intimes, se livre sur ce parcours complexe, entre victoires immenses et cruels échecs. Le tout, sans détour. Et sans aucun regret.

Le Français est sur le podium des plus grands vainqueurs d'étapes sur la Vuelta…

Vous avez été catégorisé comme un sprinter d'abord, puis un puncheur et, enfin, un solide grimpeur. La 16e étape de la Vuelta 1994 va-t-elle servir de déclic et vous faire comprendre que vous pouvez jouer le général sur les Grands Tours ?

J'ai eu l'impression de vivre une situation exceptionnelle ce jour-là. On part en échappée, on est douze. On aborde les lacs de Covadonga avec peut-être 15 minutes d'avance. Pendant la montée avec le groupe, je me sens bien. J'avais déjà gagné plusieurs étapes [2e, 3e, 5e, 12e et 13e étapes] et je voyais bien que certains commençaient à coincer. Je vais chercher un bidon à la voiture et mon masseur me demande comment je vais. Je lui réponds : « Bien. Je pense même que je peux gagner. » Et là, il me dit : « Si tu gagnes, je mange le bouquet. » Roberto Torres était certainement le meilleur grimpeur. On est partis tous les deux et, à 100 mètres de la ligne, une moto se met en travers. Moi, j'étais sûr de moi, sûr que j'allais battre l'Espagnol. Lui a été un peu gêné. Quand on s'est revus plusieurs années après, →

il m'avait lancé : « Tu m'as piqué une étape sur la Vuelta à cause de la moto. » Et je lui avais répliqué : « Parce que tu crois encore que tu aurais pu gagner ! » [rires] Pour la petite histoire, mon masseur n'a pas mangé le bouquet… mais une fleur devant tout le monde.

Quelle est la victoire la plus savoureuse de votre carrière ?
C'est Mende, le 14 juillet 1995 [12e étape du Tour de France]. C'était une belle journée. C'est longtemps resté un fait marquant de mon parcours. Maintenant, on me parle davantage de mon activité de consultant. À l'époque, quand je venais d'arrêter, on m'en parlait néanmoins souvent. Et puis, c'est là où j'ai cru que je pourrais un jour gagner le Tour… Je gagne la Vuelta juste après et l'année suivante, en 1996, je suis parti avec cette idée de gagner le Tour. Mais pas forcément avec la bonne stratégie. Je ne sacrifiais rien pour le Tour, je voulais tout gagner et, quand j'arrivais en juillet, j'étais un peu cramé.

Mais c'est vrai que ce 14 juillet 1995 était une journée parfaite, et totalement improvisée. Rien n'était programmé. Comme tous les Français, j'espérais pouvoir prendre l'échappée, mais sans aucune certitude. Seulement, j'avais des jambes de feu et, quand c'est parti, j'ai accompagné. Stratégiquement, on avait plutôt bien joué. Et cela a pu se faire parce que Miguel Indurain et son équipe étaient en difficulté, alors que dans l'échappée on était bien. Moi, j'étais impérial alors que c'était un peu la catastrophe pour la Banesto. Oui… Une belle journée !

Après le Tour 1996, on sent en revanche que vous basculez : fini les classements généraux, vous visez les maillots et les victoires.
Comme je l'ai dit, le Tour 1995 m'a un peu induit en erreur. J'ai cru que j'avais le potentiel pour le gagner. Cela aurait pu être le cas si j'avais abordé les choses autrement. Mais à cette époque-là, je voulais tout gagner. Alors, j'arrivais sur la Grande Boucle un peu cuit. J'ai rapidement compris que faire une place au général, personne ne s'en souvient. Gagner une étape, au contraire, ça marque les esprits. En 1996, je joue le général. J'étais dans le top 10 jusqu'à ce que j'explose. Et quand j'ai serré le moteur, je suis rentré à la maison… et là, ma saison est un fiasco. J'avais gagné Paris-Nice, des tas de classiques, une douzaine de courses. Il n'y a pas beaucoup de Français, aujourd'hui, qui gagnent tout cela. Pourtant, à la fin de la saison, on a parlé de « déception Jalabert ».

… et sur celui des vainqueurs d'étapes tricolores sur les Grands Tours, derrière Bernard Hinault.

Le Tarnais est reparti des Grandes Boucles 2001 et 2002 avec le maillot à pois.

Malgré votre volonté de ne plus jouer le classement général, arrive ce Giro 1999.
Je n'ai aucun regret sur ma carrière. Bon, j'espérais mieux, c'est vrai. Mais je suis tombé sur un os. Marco Pantani avait une peur bleue de moi. Il me craignait beaucoup. J'ai eu l'occasion d'en parler avec ses coéquipiers. Ils me disaient : « Marco a peur de toi. » De ce fait, la seule fois où j'ai été en difficulté, ils m'ont crucifié. Je me suis retrouvé lâché dans les Dolomites. Derrière, personne n'a roulé avec moi. Devant, c'était la coalition italienne. J'ai perdu 7 ou 8 minutes et toute option de pouvoir gagner. Quand Pantani a quitté le Giro suite à son arrestation, c'était irréversible. J'étais trop loin. Je n'ai pas de regret. J'ai des satisfactions en revanche. L'étape où je le bats [16e étape entre Biella et Lumezzane], j'ai eu chaud aux fesses, il revient fort dans la ligne droite, mais c'est une belle image. J'étais fier de cette victoire sur ce Giro. →

Votre dernier succès majeur, c'est sur le Tour 2001, à Colmar (7e étape). Saviez-vous au fond de vous que vous ne lèveriez plus les bras sur un Grand Tour ?
On ne peut pas savoir, et jamais je n'ai eu ce sentiment. C'était un 14 juillet et cette victoire était très savoureuse. Et puis, j'avais bien travaillé : j'avais pris le soin, quand le Tour avait été présenté, de reconnaître l'intégralité du parcours avec mon frère. Je savais donc où poser mes roues. Et ma connaissance du terrain m'a permis d'arriver en vainqueur à Colmar. La différence, je l'ai faite dans la dernière descente, en prenant tous les risques et en poussant Ivan Basso à la faute. Je m'étais dit : « Ça passe ou ça casse ! » Pour lui, ce n'est pas passé… Il y a eu une petite cassure de 15 secondes et j'ai tenu le coup.

Vous avez gagné des courses sous toutes ses formes : au sprint, en échappée, en petit groupe, en solitaire, en contre-la-montre. Qu'est-ce que qui est le plus fort en matière d'émotion ?
Gagner en solitaire. C'est une victoire que tu savoures. Parce que tu la sens venir. Un sprint, c'est spontané. C'est un frisson qui t'envahit d'un coup, mais c'est assez éphémère. Alors que la victoire en échappée, quand tu arrives tout seul, tu as beaucoup d'images qui se bousculent dans la tête. Tu revois les moments difficiles, le travail aux entraînements, les gadins… C'est ce qui te permet de savourer davantage ce moment.

Comment se fait-il que vous étiez aussi fort ? Pourquoi est-ce que vous avez gagné autant de courses ?
C'est pour cet instant si particulier. Cette émotion, ce frisson, ce truc qui t'envahit d'un coup quand tu lèves les bras. Ce sentiment, c'est ce qui m'a guidé. C'est ce que je voulais ressentir. Et, peut-être aussi, marquer les esprits.

Qu'est-ce qui vous rend le plus fier dans votre carrière ?
Je crois que ce sont mes 613 fois dans le top 10, c'est le chiffre qui me plaît le plus… Parce que ce qui m'a toujours caractérisé, ce sont la constance et la régularité. Ma motivation a toujours été intacte. Je ne suis pas un garçon qui abandonnait souvent. Même quand je ne pouvais pas atteindre mes objectifs, la moindre des choses, c'était de finir. J'en suis assez fier.

Avec 613 tops 10 dans sa carrière, « Jaja » est une référence du cyclisme.

ONCE
ONCE
ONCE
ONCE

PORTRAIT

Rik
VAN LOOY

GIRO 12 étapes • VUELTA 18 étapes • TOUR DE FRANCE 7 étapes

L'EMPEREUR DE HERENTALS

Le cyclisme est un sport curieux, où vont briller de grands coureurs, quelques champions et, parfois, sans qu'on sache vraiment pourquoi, va scintiller un astre. Henri « Rik » Van Looy est de cette catégorie-là. Celle des étoiles filantes. Quand on contemple le firmament, on s'interroge toujours. Au sujet du Belge aussi : comment la légende s'est écrite sans que jamais le héros de cette histoire n'ait réellement voulu marquer son temps ?

Tout commence par un choix. Un seul. À l'âge de 13 ans, à Grobbendonk, le jeune Henri Van Looy abandonne l'école. Pour gagner sa croûte, il devient livreur de journaux. Il passe ses journées à pédaler et à enchaîner les courses et les kilomètres sur un vélo trop lourd. Il va en tirer une puissance remarquable et un courage presque unique. Dans l'anonymat complet, le plus grand champion de son temps se façonne au cœur des Flandres.

Ses qualités s'affinent au fil du temps mais, à 20 ans, c'est une évidence, le garçon est doué. Plus que ça : il a un talent rare. En trois saisons chez les pros, il décroche une quinzaine de victoires. Il se révèle même aux yeux du grand public sur une course : lors des Mondiaux 1956, alors que le surdoué n'est qu'équipier du grand Rik Van Steenbergen. Si « Rik Ier » s'impose, son successeur légitime termine derrière lui. L'avènement de « Rik II ».

Le Flandrien a été au bout de seulement 7 des 18 Grands Tours qu'il a disputés.

Un surnom qui va peu à peu s'effacer. Parce que si Rik, premier du nom, est un immense coureur, Van Looy va vite faire aussi bien. Et mieux, même.

En trois ans, il gagne tout. Milan-San Remo (1958), le Tour des Flandres (1959 et 1962), le Tour de Lombardie (1959), Paris-Roubaix (1961, 1962 et 1965), Liège-Bastogne-Liège (1961), et même les Championnats du monde (1960 et 1961). Il devient, à seulement 28 ans, le premier coureur de l'histoire à dompter les cinq Monuments du cyclisme. Comment ? C'est un rouleau compresseur qui roule si fort qu'il fait péter tout le monde. Et les rares survivants de ses séances de tortures, eh bien, il les dépose au sprint.

Ce qui va aussi permettre au Belge de tout dévorer, c'est une chose injuste et inexplicable : le charisme. Le champion dégage une confiance absolue et une autorité naturelle. C'est un patron. Un coureur pour lequel on a envie de rouler. Et comme il gagne souvent, alors ceux qui travaillent pour lui se donnent à fond. Van Looy se trouve ainsi entouré, choyé, protégé par une milice personnelle et dévouée : c'est la naissance de la « brigade rouge » de la Flandria. Une équipe de rêve où se bousculent les stars comme Willy Planckaert, Walter Godefroot, Jean-Pierre Monseré, Eric et Roger De Vlaeminck, Michel Pollentier, Joop Zoetemelk...

La seule limite dans sa carrière se situe peut-être sur les Grands Tours. Contrairement à Eddy Merckx, le Flandrien n'arrivera jamais à s'y imposer. Probablement trop lourd, il ne va en terminer que 7 des 18 qu'il dispute. Le temps, quand même, d'arracher 37 succès.

À l'âge de 37 ans, après 162 victoires, Van Looy se retire. Sans un bruit, sans un mot. À l'arrivée d'une course, le 22 août 1970, il arrête. Il va décliner toutes les propositions (lucratives) de critérium, de courses fantoches et de tournée d'adieu. C'est fini. Un point, c'est tout. Dans sa maison, aujourd'hui, rien ne rappelle sa gloire passée. Pas une coupe, pas un maillot, pas un trophée. Dans un livre de Robert Janssens, le double champion du monde explique : « Le passé, c'est le passé. Tous les trophées, les médailles, les maillots... J'ai tout donné. À des œuvres de charité, à des amis, à des supporters. Parce que ça veut dire bien plus pour eux que pour moi. »

L'étoile belge disparaît dans la nuit. Mais ne s'effacera jamais des cœurs et des mémoires. Car Van Looy est bien plus qu'un Seigneur. C'est un Empereur.

En même temps, il fait partie des trois cracks qui se sont imposés sur les cinq Monuments…

CITATION

Francesco **MOSER**

GIRO 23 étapes • VUELTA 2 étapes • TOUR DE FRANCE 2 étapes

Francesco Moser n'est pas un bavard. Et il le revendique. Celui qu'on surnommait le Shérif était plus Clint Eastwood version Sergio Leone qu'autre chose. Les mots rares, les phrases fortes. Alors, quand on lui demande pourquoi il n'a jamais aimé les entrevues ou les prises de parole, il répond calmement : « Quand on n'a pas son mot à dire sur la route, mieux vaut se taire. Les mots ne font pas bouger les vélos d'un pouce. »

L'Italien sait de quoi il parle : véritable machine à rouler, il a construit une partie de sa solide réputation autour de ses performances sur le chrono. Le contre-la-montre lui allait bien, la preuve avec ses 35 victoires, dont 14 sur les Grands Tours dans l'exercice. Peut-être parce que seul sur sa machine, il n'avait personne à qui parler.

« LES MOTS NE FONT PAS BOUGER LES VÉLOS D'UN POUCE »

Roger
DE VLAEMINCK

GIRO 22 étapes • VUELTA 1 étape • TOUR DE FRANCE 1 étape •

CHIFFRE

5,3%

Le chiffre peut paraître totalement fou. Impossible même. Et pourtant, Roger De Vlaeminck n'a terminé en dehors du top 20 que dans 5,3 % des courses dont il a franchi la ligne d'arrivée. Avec 590 arrivées dans le top 10 et 50 arrivées aux 20 premières places, le Belge est un phénomène statistique.

Deux choses encore plus admirables dans ce chiffre. 1) Le Gitan n'a pas fait que des places d'honneur sur des courses mineures. Il a tout gagné : les cinq Monuments déjà, et puis 24 étapes sur les Grands Tours. 2) Il a réussi cette prouesse alors que son principal adversaire n'était autre qu'un certain... Eddy Merckx.

C'EST CADEAU !

Francesco Moser est un ovni. La preuve ? Si de nombreux Seigneurs ne se sont alignés qu'à une seule édition d'un Grand Tour, l'Italien a fait mieux : il a disputé en tout et pour tout un Tour de France (1975) et une Vuelta (1984). Avec deux victoires d'étapes à la clé à chaque fois.

L'INFO EN +

Rouleur infatigable, l'Écossais David Millar (1 étape sur le Giro, 4 étapes sur le Tour de France, 5 étapes sur la Vuelta) a empoché des contre-la-montre sur tous les Grands Tours. De quoi lui permettre de porter le maillot de leader de chacune de ces courses de trois semaines. Une performance rare.

Nino DEFILIPPIS

GIRO 9 étapes • VUELTA 2 étapes • TOUR DE FRANCE 7 étapes

Il a très souvent été plus fort et plus rusé que les autres. Et si l'Italien est resté dans la légende pour ses 18 victoires sur les Grands Tours… il l'est aussi pour une 2ᵉ place improbable sur le Tour des Flandres. En 1961, le vent arrache la banderole d'arrivée. À la lutte avec Tom Simpson, le Turinois le dépasse et termine en roue libre, mais il relâche son effort loin de la ligne réelle. Le sujet de Sa Majesté repasse en tête et gagne. Peut-être la défaite la plus légendaire sur le Ronde. La plus rageante pour Nino Defilippis.

Rik VAN LINDEN

GIRO 9 étapes • VUELTA 2 étapes • TOUR DE FRANCE 4 étapes

À la fois sprinter, puncheur, rouleur et grimpeur correct, il coche toutes les cases du parfait chasseur d'étapes. Avec ses quinze succès sur les Grands Tours, il s'inscrit comme un coureur incontournable des années 1970. Il laissera un goût d'inachevé dans la bouche des Belges car, malgré son talent, il ne fera jamais mieux que 4ᵉ sur Milan-San Remo (1973 et 1977).

Paolo BETTINI

GIRO 2 étapes • VUELTA 5 étapes • TOUR DE FRANCE 1 étape

Le puncheur italien n'était peut-être pas taillé pour les Grands Tours. Peu importe, il a gagné tout le reste. Liège-Bastogne-Liège était son terrain d'expression privilégié : deux victoires (2000 et 2002) et sept tops 10 sur la Doyenne des classiques. Double champion du monde (2006 et 2007), le Toscan s'est assuré une place au panthéon du cyclisme.

Philippe GILBERT

GIRO 3 étapes • VUELTA 7 étapes • TOUR DE FRANCE 1 étape

Il n'aura manqué qu'un seul succès au Belge pour rejoindre Eddy Merckx, Rik Van Looy et Roger De Vlaeminck… Milan-San Remo aura été le seul Monument à résister aux assauts du prodige de Verviers. Pour le reste, son talent et son explosivité lui auront permis de tout conquérir. Du Tour de Lombardie à Paris-Roubaix, du Tour des Flandres à Liège-Bastogne-Liège, des Mondiaux à onze étapes sur les Grands Tours. Un phénomène qui réussira même à signer la semaine parfaite en 2011 : gagner sur l'Amstel Gold Race, la Flèche wallonne et Liège.

Avec ses treize victoires sur les Grands Tours, ses Monuments et sa vitesse impressionnante, il aurait pu être considéré à raison comme un véritable sprinter. Mais cela aurait été injuste au regard de ses qualités de Flandrien et de ses succès en solitaire.

Eddy PLANCKAERT

GIRO 1 étape • VUELTA 10 étapes • TOUR DE FRANCE 2 étapes •

Baroudeur de grand talent, il fait partie des Seigneurs les plus récents. Il s'est imposé partout et de la même manière : de longs raids dans les montagnes d'Espagne, d'Italie ou de France. Son plus beau succès s'est joué sur les pentes de l'Etna, en Italie, sur la 4e étape du Giro 2022. Une victoire XXL pour l'Allemand.

GIRO 1 étape • VUELTA 1 étape • TOUR DE FRANCE 1 étape •

Lennard KÄMNA

Rohan DENNIS

GIRO 1 étape • VUELTA 2 étapes • TOUR DE FRANCE 1 étape

Le fantasque Australien aura réussi une immense carrière, sans jamais donner l'impression de se consacrer entièrement au cyclisme. Malgré sa réticence évidente à être sérieux onze mois sur douze, il a su imposer sa puissance phénoménale en contre-la-montre. Ses quatre succès sur les Grands Tours et ses titres mondiaux (2018 et 2019) ont tous été conquis sur le chrono.

Matej MOHORIČ

GIRO 1 étape • VUELTA 1 étape • TOUR DE FRANCE 3 étapes

Attention, phénomène en approche. Très rapide, gros puncheur, descendeur de génie, tacticien émérite, le Slovène peut briller sur tous les terrains. Comme les plus grands buteurs, il attaque toujours au bon moment. Ce qui fait de lui un coureur respecté et redoutable.

Jesper SKIBBY

GIRO 1 étape • VUELTA 3 étapes • TOUR DE FRANCE 1 étape

Bon rouleur, véloce, il fait partie de cette race de Seigneurs qui est devenue monnaie courante. Un coureur danois, dur au mal et malin. Il a remporté cinq étapes au total sur les Grands Tours. Et a souvent complété les tops 10 des classiques. Un Seigneur discret.

L'Ukrainien était un coureur complet qui, sans avoir de qualités immenses, n'avait presque pas de défaut. Vainqueur de douze courses dans sa carrière, il en signe cinq sur les Grands Tours. Il aurait pu même en décrocher une sixième à Perpignan sur le Tour de France 1997. Mais il gêne Laurent Desbiens à l'arrivée et est déclassé.

GIRO 2 étapes • VUELTA 2 étapes • TOUR DE FRANCE 1 étape

Serguei OUTSCHAKOV

SANS OUBLIER...

GIRO 3 étapes • VUELTA 3 étapes • TOUR DE FRANCE 1 étape

Aitor GONZÁLEZ

C'est l'un des vainqueurs les plus... stupéfiants d'un Grand Tour. Son maillot rouge sur la Vuelta 2002 et ses sept étapes victorieuses sur les trois plus prestigieuses courses au monde ne suffiront pas à effacer les soupçons. Grimpeur correct et excellent rouleur, il n'a pas perdu le bénéfice de ses succès malgré ses deux contrôles positifs et sa suspension de deux ans. Il aura gagné celui du doute.

GIRO 2 étapes • VUELTA 1 étape • TOUR DE FRANCE 2 étapes

Thomas DE GENDT

Il aurait pu jouer les classements généraux et les tops 10. À la place, il a préféré la liberté totale. Celle qui consiste à partir seul et à défier la Terre entière. Archétype presque caricatural du baroudeur, le Belge a accroché à son palmarès le Ventoux, le Stelvio et une 3e place sur le Giro 2012.

GIRO 4 étapes • VUELTA 1 étape • TOUR DE FRANCE 4 étapes

Dimitri KONYSHEV

Homme à tout bien faire, il a souvent tenté de loin, parfois gagné au sprint, mais l'essentiel de son talent résidait dans sa qualité de puncheur. Un chiffre témoigne de sa longévité au haut niveau : dix-neuf ans séparent sa première victoire en carrière de son dernier succès. La première fois devant Greg LeMond. La dernière devant Samuel Sánchez.

Matteo TRENTIN

Avec huit victoires sur les Grands Tours, pourquoi l'Italien n'est pas considéré comme un pur sprinter ? Parce qu'il sait faire bien plus que ça. Et si sa vitesse est une arme, elle l'est autant que son sens tactique et sa science de la course. La preuve ? Il est devenu le capitaine de route chez UAE Team Emirates auprès du prodige slovène Tadej Pogačar.

GIRO 1 étape • VUELTA 4 étapes • TOUR DE FRANCE 3 étapes

Pablo LASTRAS

GIRO 1 étape • VUELTA 3 étapes • TOUR DE FRANCE 1 étape

Fidèle équipier d'Alejandro Valverde et de Paco Mancebo, son principal fait d'armes est d'avoir remporté une étape sur le Tour de France... en ayant disputé une seule Grande Boucle. Un succès à Saint-Maixent-l'École en 2003 (18e étape) et un statut de Seigneur inespéré pour l'Espagnol.

GIRO 3 étapes • VUELTA 1 étape • TOUR DE FRANCE 2 étapes

Massimo GHIROTTO

Le Transalpin n'a pas toujours été récompensé de ses efforts. Attaquant et baroudeur de talent, il est resté dans la mémoire collective pour sa victoire à Guzet-Neige sur la 14e étape du Tour 1988 : Philippe Bouvatier avait été dévié de la route par un gendarme à quelques encablures de l'arrivée.

6

LES GRIMPEURS DE TALENT

Comment raconter la grande histoire du cyclisme sans parler de ceux qui tutoient les sommets européens ? Ils ont conquis la montagne à la force du jarret. Ils ont inscrit leur nom dans les Alpes, les Pyrénées, les Vosges, le Jura, les Dolomites... Ces Seigneurs-là ont toujours été à la hauteur. Et ils ont tutoyé les cieux avec une facilité touchant parfois au sublime.

Chapitre 6

LE BELGE DANS L'OMBRE

LE JOUR OÙ...

Lucien **VAN IMPE**

A ASSOMMÉ LE TOUR

GIRO 1 étape • VUELTA 1 étape • TOUR DE FRANCE 9 étapes

Vous sentez ? Il y a comme un parfum inconnu sur le Tour de France 1976. Celui du suspense. Au départ de la 14e étape, l'incertitude plane sur le peloton. À croire que l'absence d'Eddy Merckx a ouvert la porte à l'inattendu et à l'imprévisible. Aussi, à Saint-Gaudens, ils sont encore une demi-douzaine à y croire. Il faut dire que le plateau de cette 63e édition est d'un niveau exceptionnel. Est présent le vainqueur sortant, Bernard Thévenet. À ses côtés, le vainqueur du Tour 1973, le terrible Luis Ocaña. Un peu plus loin, le vétéran Raymond Poulidor, qui participe à sa dernière Grande Boucle, et son jeune leader, Joop Zoetemelk. Enfin, le maillot jaune Raymond Delisle et son dauphin, le grimpeur de chez Gitane, Lucien Van Impe, rêvent encore de gagner le Tour.

Sur le papier, le Belge a toutes ses chances : il a terminé meilleur grimpeur des Tours 1971, 1972 et 1975. Et vu le profil du jour – cols de Menté et du Portillon, montée de Peyresourde et Pla d'Adet –, si l'épreuve doit basculer, c'est aujourd'hui que tout se joue.

La bataille fait vite rage dans le col de Menté. Sans surprise, Ocaña attaque dans la descente et se détache. L'Espagnol avait promis de tout casser dans les Pyrénées. Il tient parole. Derrière, les cadors attendent, probablement Peyresourde, pour se découvrir. Car la course est encore longue. Et puis, certains ne sont pas dans un bon jour, dont Thévenet et Poulidor. Cette étape sera d'ailleurs le cimetière des ambitions tricolores 1976.

Un jeune druide sent que le vent est en train de tourner : Cyrille Guimard, le patron de Gitane, qui monte à la hauteur de son leader, Van Impe. « Lucien, il faut que tu attaques. » Guimard vient tout juste d'arrêter sa carrière et il n'a rien perdu de son flair de coureur brillant, et d'attaquant irrévérencieux. Voilà des mois que le jeune directeur sportif essaye de convaincre son poulain flamand qu'il a le Tour dans les jambes.

TRIOMPHE TOTAL

Hésitant, le Belge démarre à 3 bornes du sommet du Portillon. Il reste 70 kilomètres et deux monstres à gravir. Zoetemelk, à 6 secondes de Van Impe au général, refuse de le suivre. Trop loin, trop difficile, cette attaque est un suicide. Dès le sommet du Portillon, l'écart se creuse. Le Néerlandais passe en haut et compte plus d'une minute de retard sur son audacieux rival.

Van Impe s'attaque à Peyresourde, sabre au clair. Il avale la pente

Le Belge va garder son maillot jaune de l'arrivée au Pla d'Adet jusqu'aux Champs-Élysées.

comme un fou, dévore l'échappée matinale. Puis il passe au sommet en compagnie d'Ocaña, qui lui prend des relais. Zoetemelk ne peut plus attendre. À son tour, il sort dans l'avant-dernière difficulté de la journée. Trop tard. Il passe avec 2 minutes et 25 secondes de retard.

Devant, Ocaña fait la descente à fond. Il se livre, sans réfléchir. Alors, au pied de l'ultime ascension, épuisé, l'Espagnol craque à son tour. Van Impe, le petit grimpeur sympathique, le garçon trop poli pour essayer de renverser Merckx, le timide Belge qui visait les pois quand il aurait pu se rêver d'or, s'envole seul. Le triomphe est total.

Le Tour 1976 est plié, et Zoetemelk a tout perdu sur les pentes du Pla d'Adet. Une victoire finale en forme de paradoxe : Van Impe ne voulait pas lutter face à Merckx, de peur de ne pas être aussi aimé que lui. Avec ce succès, il succède non seulement au Cannibale, mais il demeure le dernier Belge vainqueur du Tour de France. L'une des rares distinctions que l'Ogre de Tervueren ne pourra jamais plus lui contester.

En 1983, il devient le dixième représentant du plat pays à intégrer le club.

« L'ALPE D'HUEZ OU LE TOURMALET COMPTENT DOUBLE »

CONFIDENCES

Thibaut PINOT

GIRO 1 étape • VUELTA 2 étapes • TOUR DE FRANCE 3 étapes

Son palmarès s'est en partie tissé des fils du « peut-être ». Peut-être méritait-il mieux. Peut-être pouvait-il faire plus. Ses succès comme ses défaites ont suscité questions et doutes. Avait-il le Tour de France dans les jambes, dans la tête, dans le cœur ? Quelle place l'histoire lui accordera-t-elle ? Une certitude demeure : le Français n'a jamais été un grimpeur comme les autres. Rencontre avec le petit prince de la montagne.

Savez-vous combien d'étapes vous avez gagnées sur les Grands Tours ?
Oui, parce que je n'en ai pas 1 000 non plus. [il sourit] J'en ai six.

Et combien de fois vous avez terminé 2e ?
Oula... Beaucoup trop de fois je trouve ! [rires]

Vous avez terminé dix fois 2e d'une étape !
Ah oui ? Cela fait mal : finir 2e sur des étapes de Grands Tours ne sert à rien. C'est la première fois de ma vie que j'en parle d'ailleurs...

Quelle est votre victoire la plus importante dans un Grand Tour ?
Je dirais Porrentruy [8e étape, Tour 2012], qui a lancé ma carrière. On dit que tu es un vrai coureur quand tu fais le Tour de France. Tu entres donc dans une autre catégorie quand tu y gagnes une étape. Ce jour-là, j'ai senti que je devenais un vrai coureur. L'une des victoires où, bizarrement, j'ai le plus de souvenirs, celle qui m'a le plus →

De l'Hexagone à la Botte, les performances du coureur ne laissaient pas indifférent.

marqué. Dès le briefing, beaucoup de coéquipiers avaient carte blanche : Pierrick Fédrigo, Sandy Casar, Arthur Vichot… Moi, je devais rester dans le peloton, au frais, parce que c'était mon premier Tour. Mais j'ai désobéi. J'étais jeune, je n'avais pas l'intention de contredire les directeurs sportifs et Marc Madiot [manager de la FDJ]. Simplement, dans ma tête, ce n'était pas ce que j'avais prévu.

J'avais la chance d'être avec Jérémy Roy dans l'échappée. On était une vingtaine et il avait réussi à canaliser tout le monde. Puis Fredrik Kessiakoff est parti tout seul. Il avait plus de 2 minutes d'avance. Impossible d'aller le chercher. Puis il explose dans le col de la Croix. Je fais une grosse montée. Je le rattrape à 500 mètres du sommet. Si je l'avais repris plus loin, il s'accrochait et on basculait ensemble. Mais à 500 mètres, il pète. Et je peux finir tout seul.

Selon certains suiveurs, ce succès serait arrivé trop tôt dans votre carrière…
Forcément, il y a un aspect négatif à gagner en France quand tu as 22 ans. Jusqu'à mon podium sur le Tour 2014, je me suis moi-même dit que je n'aurais jamais dû gagner en 2012. Mais aujourd'hui, avec du recul, cette victoire, je la prends 1 000 fois. Elle m'a construit. Elle m'a fait gagner du temps sur le reste de ma carrière avec la gestion de la pression médiatique et populaire. Si elle m'a fait beaucoup de mal lors de mon abandon sur le Tour en 2013, elle m'a aussi fait beaucoup grandir.

Après trois longues années, vous levez de nouveau les bras sur le Tour avec votre triomphe sur l'Alpe d'Huez (20e étape). Une confirmation pour vous ou bien… un soulagement ?
On m'a longtemps parlé de ces années sans victoire. J'avais passé un peu plus de deux ans sans gagner entre le Tour de l'Ain 2012 et l'année 2015.

C'est vrai que c'est long… Mais le fait de regagner sur le Tour, et à l'Alpe d'Huez en plus, a fait taire pas mal de critiques. Quand tu t'imposes en France, et dans des lieux comme l'Alpe d'Huez ou le Tourmalet, les victoires comptent double. C'est une catégorie à part. J'aurais peut-être pu remporter plus de courses mais, d'un autre côté, empocher des victoires spéciales, c'est magique.

Certains disaient à cette époque que vous n'aviez pas l'étoffe d'un Bernard Hinault. Comment le preniez-vous ?
Ce que j'ai eu du mal à gérer, c'était la pression que je me mettais. La pression de réussir et que je me mettais pour l'équipe. J'ai trop souvent pensé à l'équipe. J'avais peur de décevoir mes coéquipiers.

En 2019, il y a le triomphe du Tourmalet avant… les regrets éternels de son terrible abandon.

Le fait d'être comparé à Bernard Hinault me passait au-dessus de la tête. Je n'avais aucune envie de lui ressembler. Parce que, pour moi, le Tour a toujours été quelque chose d'inaccessible. D'ailleurs, je n'ai presque jamais pensé à le gagner.

Après vos victoires d'étapes sur le Giro 2017 et la Vuelta 2018, avez-vous eu conscience de rentrer dans un cercle fermé ?
Au début de ma carrière, je m'étais fixé pas mal d'objectifs. Gagner sur les trois Grands Tours était tout en haut de ma liste. Si beaucoup de coureurs ont des victoires d'étapes dans deux Grands Tours différents, la victoire dans un troisième est très dure à aller chercher. Prenons Romain Bardet : il lui manque une victoire sur le Giro alors qu'il l'a largement dans les jambes. Pourtant, elle a du mal à venir. Cette victoire dans un troisième Grand Tour a beaucoup de valeur. Ce n'est pas qu'une étape.

Sur la Vuelta 2018, je n'avais qu'un objectif. Gagner une étape. Mais cette année-là, il y avait une première partie de l'épreuve →

Thibaut Pinot est le dernier venu dans le régiment tricolore des Seigneurs.

dans le Sud et l'autre dans le Nord. Quand il fait trop chaud, j'ai du mal à être performant. J'attendais donc la deuxième moitié de la course. Et dès la première journée dans le nord de l'Espagne, je gagne [15e étape]. Pour moi, c'était primordial. Le fait de m'imposer aux lacs de Covadonga m'a libéré puisque je l'emporte ensuite à Andorre [19e étape].

Reste la victoire la plus célèbre : le Tourmalet 2019 (14e étape). Vous en parle-t-on tous les jours ?
C'est celle dont on me parle le plus. C'était aussi un Tour où tous les Français y ont cru. Julian Alaphilippe en jaune pendant quinze jours, moi qui n'étais pas loin. Il y avait un engouement qu'on n'avait pas vu depuis longtemps, et qu'on aura peut-être du mal à retrouver avant un moment.

Ce jour-là, avez-vous envisagé que cette victoire puisse être la dernière ?
Sur un Grand Tour, ça peut toujours être la dernière. Parce que c'est rare et que c'est dur à aller chercher. Mais non, à ce moment-là, je ne me dis pas qu'un an après je vais glisser sur une patinoire à Nice [1re étape, Tour 2020] et que je terminerai ma carrière là-dessus. Et vu les jambes que j'avais...

Ensuite, c'est la désillusion avec votre abandon dans ce Tour 2019. Pouvez-vous nous raconter ce qu'il se passe après cette étape ?
C'est difficile à expliquer. J'ai eu l'impression de tourner la page en vingt-quatre heures. Puis les semaines et les mois suivants ont été beaucoup trop faciles. Il y a eu un tel choc psychologique... C'était trop rapide. Je n'en ai pas souffert sur le moment. Mais tout le monde m'en reparlait. Je ne me rendais pas compte de ce que représentait cet abandon. J'étais le dernier à comprendre à quel point j'étais fort. Je n'ai pas fait le deuil tout de suite.

Avec votre chute à Nice en 2020, vous a-t-on volé votre fin de carrière ?
C'est la chose la plus dure de ma carrière, bien loin devant mon abandon sur le Tour en 2019, qui fait partie de la course. En 2020, ce n'était pas une chute sur un fait de course. Parfois, la course ne doit pas avoir lieu, c'est trop dangereux. Et là, c'était le cas. Oui, on m'a volé ma fin de carrière. Je n'en démords pas. Je sais qui sont les responsables. Ça restera au fond de moi toute ma vie. Je venais de vivre mes deux plus belles années et tout s'est arrêté. Le Covid, la chute... Ma carrière a totalement changé du jour au lendemain à partir de là.

Au final, qu'est-ce qui vous faisait gagner ?
Parce que j'aimais ça ! C'est assez compliqué à expliquer. J'ai toujours pensé que l'objectif d'un sport de compétition était de gagner. J'ai toujours refusé de perdre. Mais on pratique un sport où tu perds 95 % ou même 98 % du temps. Tu peux être cycliste, ne pas gagner de l'année, mais être malgré tout l'un des meilleurs du monde... Moi, je voulais montrer que j'étais le meilleur, le plus fort.

Le Franc-Comtois s'adjuge ses deux victoires d'étapes sur la Vuelta en 2018.

ICI, C'EST PINOT.
Leclerc
TotalEnergies

PORTRAIT

Federico
BAHAMONTES

GIRO 1 étape • VUELTA 3 étapes • TOUR DE FRANCE 7 étapes

LE GRIMPEUR ÉTOILE

L'Espagnol était le plus admirable grimpeur de son ère. Peut-être le plus grand de tous les temps. Pourtant, il n'a remporté qu'un seul Tour de France. Seulement, lui aura conquis bien plus que des titres. En dix ans, il est devenu le symbole d'un cyclisme total. Bahamontes, le prodige. L'Aigle de Tolède. Le roi « Baha ».

Pour prendre conscience du phénomène, voilà ce que les plus grands chroniqueurs de l'époque disaient de lui. Jacques Augendre : « Un escaladeur surdoué, fantaisiste, parfois fantasque. » Pierre Chany : « Quand il grimpait, il était étourdissant. » Alain Rémond : « C'était le panache ! L'orgueil ! La bravoure. » Des louanges par centaines, un nom : Federico Bahamontes. Dans ses veines coule la montagne. L'altitude.

Son premier Grand Tour n'est autre que la Grande Boucle 1954. Tout commence par un esclandre. À 26 ans, Bahamontes n'a pas vraiment de réputation, sauf celle d'être un bon grimpeur. Son début de saison 1954 est cependant réussi. Alors, l'équipe d'Espagne décide de tenter un coup et de l'aligner sur le Tour de France. Scandale : pourquoi prendre cet inconnu et, surtout, pourquoi le faire au détriment de Jesús Loroño, le meilleur grimpeur de l'édition 1953 ?

Mais le petit nouveau fait rapidement taire les critiques. Dès que le peloton fait face aux premières côtes, en fait. Il passe en tête au col d'Aubisque (11e étape). Puis, sur les étapes suivantes, il dompte le Tourmalet, Peyresourde, la rampe de Laffrey, le col Bayard, le Galibier... C'est un génie de la pente qui se révèle. Le problème ? C'est un coureur qui est aussi brillant en montée... que catastrophique en descente.

Sur la 17e étape de ce Tour 1954, au col de Romeyère, l'Ibérique se permet l'impensable : après être passé en tête, comme toujours,

S'il s'affiche sur les trois Grands Tours en 1956, l'alpiniste en repart sans aucune victoire.

il semble totalement se désintéresser de la course. Il profite de son avance pour s'arrêter chez un marchand et acheter… une glace. La légende veut qu'il l'ait fait par provocation. La réalité est moins romantique : les rayons de sa roue sont cassés et il doit attendre son directeur sportif, perdu dans le massif. Furieux, il décide de se calmer en dévorant un cornet. Une coquetterie qui lui vaudra une réputation de coureur fantasque.

Mais les années passant, le qualificatif qui lui colle le mieux à la peau, c'est « fantastique ». Quatrième de la Grande Boucle 1956, malheureux en 1957… C'est en 1958 que « Baha » va dominer le Tour. Même ses adversaires finissent par comprendre que rien ne peut arrêter le roi de la montagne. Intouchable, il rayonne dans la pente, tutoie les étoiles. Il termine cette édition avec son deuxième maillot à pois. Pour autant, les chronos, les descentes et le plat sont trop difficiles pour espérer plus. Mais ce maillot est un chef-d'œuvre d'alpiniste.

En 1959 arrive le temps de la consécration. Cette fois, il va éclabousser l'épreuve hexagonale de sa classe. Bahamontes ne fait plus aucun cadeau. À Aurillac, Charly Gaul craque (13e étape). Deux jours plus tard, l'Espagnol s'envole sur le chrono du puy de Dôme. L'Aigle de Tolède, peut-être moins offensif que d'habitude, remporte le Tour de France avec 4 minutes d'avance sur le Lorrain Henry Anglade, derrière qui l'équipe de France ne voulait pas se ranger.

C'est la première fois qu'un coureur du pays de Cervantes s'adjuge le Tour de France – son premier et ultime titre sur un Grand Tour. Mais ses six maillots à pois et sa cinquantaine de passages en tête des sommets de l'Hexagone sont aujourd'hui encore le témoignage que ce prodige reste certainement le meilleur grimpeur de l'histoire de la Grande Boucle.

Le paradoxe est total : en étant le plus grand, le plus fort, le plus aimé, le plus craint, Baha ne portera le maillot jaune que sept petits jours dans toute sa carrière. Comme quoi, le talent ne suffit pas toujours pour inscrire son nom au panthéon des Grands Tours.

En 1954, pour son tout premier Grand Tour, il amorce sa moisson de maillots à pois.

CITATION

Tom
DUMOULIN

GIRO 4 étapes • VUELTA 2 étapes • TOUR DE FRANCE 3 étapes •

Comme la plupart des papillons, celui de Maastricht aura eu une existence fugace. Tom Dumoulin n'a que 32 ans quand, épuisé par le cyclisme et vidé par les entraînements, il décide de raccrocher. Un départ surprise pour ceux qui ne voyaient en lui que la machine à rouler conquérante. Dans la droite ligne de Jan Ullrich, rouleur inépuisable qui ne lève pas les fesses de sa selle peu importe la pente, le Néerlandais a connu les affres de la dépression. Début 2021, il lâche : « Je veux bien faire pour tout le monde, mais à cause de ça, je me suis un peu oublié au cours de la dernière année. Cela ne me mène pas aux résultats espérés. Cela me rend malheureux. »

Alors, il fait une pause. Et un come-back. Mais éphémère. Le 15 août 2022, il arrête net. « Le réservoir est vide. Même si les adieux ne se sont pas déroulés comme je l'espérais, je repense à ma carrière avec une fierté incroyable. » Et il y a de quoi : vainqueur du Giro 2017, 2e des Giro 2018 et Tour 2018, champion du monde du chrono en 2017... Son règne aura duré quelques instants. Et puis, le papillon aura repris sa liberté.

« LE RÉSERVOIR EST VIDE »

Alejandro VALVERDE

Cela pourrait être anecdotique, mais « Ale » a disputé… 32 Grands Tours. Plus qu'Eddy Merckx (16) et Bernard Hinault réunis (13). Et quand on sait qu'il n'a participé au Giro que deux fois (2016 et 2022)… Alejandro Valverde était sans conteste le plus redoutable puncheur de sa génération. Capable de gagner dans des pourcentages terribles, il a toujours coincé quand la route prenait un peu trop de hauteur. Mais que dire d'un garçon qui a terminé 20 fois dans le top 10 d'un Grand Tour, dont 9 fois sur le podium ? La régularité incarnée. Et des victoires de prestige. Il aurait pu être le plus grand cycliste espagnol de l'histoire. Il se contentera d'être l'un de son siècle.

C'EST CADEAU !

Le 9 juillet 1958, Federico Bahamontes ne fête pas seulement ses 30 ans. Ce jour-là, le Tolédan remporte aussi sa première victoire d'étape sur la Grande Boucle, à Luchon (14e étape), et entre par la même occasion dans le club des Seigneurs. Bel anniversaire !

L'INFO EN +

C'est un chiffre insolite : 50 % des succès du grimpeur Juan Manuel Gárate – six victoires en carrière – ont été accomplis sur les Grands Tours. Un ratio hallucinant pour l'Espagnol, et bien meilleur que le #1 des Seigneurs, un certain Eddy Merckx, qui émarge à « seulement » 23,2 % dans ce domaine.

Denis MENCHOV

Il n'était ni le plus explosif ni le plus offensif des grimpeurs du peloton. Mais ses deux Grands Tours (Vuelta 2007 et Giro 2009), ses quatre maillots distinctifs et ses huit victoires d'étapes plaident pour lui. Figure du cyclisme des années sombres, sa 2e place sur le Tour 2010 lui a été retirée pour dopage. Une affaire qui a réduit sa brillance et sa crédibilité.

GIRO 2 étapes • VUELTA 5 étapes • TOUR DE FRANCE 1 étape

GIRO 3 étapes • VUELTA 2 étapes • TOUR DE FRANCE 1 étape

Il était peut-être le plus élégant sur un vélo. Lui, son style aérien et léger, ses attaques fulgurantes et son panache. Il a effleuré l'incroyable par deux aspects de sa carrière : malgré son immense talent, il n'a gagné que huit étapes. Et sur cet infime nombre de victoires, six l'ont été sur des Grands Tours. De quoi lui permettre de remporter la Vuelta 2015. Son succès le plus indélébile.

Fabio ARU

GIRO 2 étapes • VUELTA 9 étapes • TOUR DE FRANCE 3 étapes

Joaquim RODRÍGUEZ

Purito était (peut-être) la caricature du cyclisme espagnol des années 2000. Explosif, grimpeur de grand talent, offensif, chirurgical dans ses attaques… mais aussi un entourage et des performances suspectes. Si l'on passe outre les doutes, une certitude demeure : l'Ibérique a été présent sur le podium des trois Grands Tours. Et s'y est imposé dans quatorze étapes.

José Manuel FUENTE

GIRO 9 étapes • VUELTA 3 étapes • TOUR DE FRANCE 2 étapes

Double lauréat du Tour d'Espagne (1972 et 1974) et meilleur grimpeur du Giro de 1971 à 1974, il doit une partie de sa légende à son doublé sur le Tour 1971 : à Luchon (14e étape), en solitaire, et à Superbagnères, le lendemain. Adversaire du Belge Eddy Merckx, il a vécu dans l'ombre gigantesque d'un autre Espagnol de son temps, Luis Ocaña.

Dietrich THURAU

GIRO 2 étapes • VUELTA 5 étapes • TOUR DE FRANCE 6 étapes

Immense machine allemande, « Didi » était un excellent rouleur avant d'être un bon grimpeur. Mais ses victoires à Reinosa (16e étape, Vuelta 1976), Pau et Chamonix (2e et 16e étapes, Tour de France 1977) prouvent qu'il n'était pas qu'un spécialiste du contre-la-montre. Et dire qu'il était peut-être encore plus doué sur piste…

Tony ROMINGER

GIRO 5 étapes • VUELTA 13 étapes • TOUR DE FRANCE 3 étapes

Vainqueur de trois Vuelta (1992, 1993 et 1994) et d'un Giro (1995), le Suisse est probablement le plus grand coureur helvète de l'histoire. Son style est celui d'un métronome, qui roule comme il grimpe : avec une régularité sidérante. Il n'aura pas su renverser Miguel Indurain sur le Tour de France 1993. Peu importe : il arrache 21 étapes sur les Grands Tours.

Primož ROGLIČ

GIRO 4 étapes • VUELTA 12 étapes • TOUR DE FRANCE 3 étapes

Certainement l'un des meilleurs coureurs de sa génération. Avec trois Tours d'Espagne (2019, 2020 et 2021) et un Giro (2023), un Monument (Liège 2020) et 80 victoires – dont 19 sur les Grands Tours –, le bilan provisoire qu'on peut faire à l'issue de la saison 2023 est monstrueux. À cela s'ajoute un titre olympique en 2020. Le tout en seulement dix ans. Un phénomène.

GIRO 7 étapes • VUELTA 1 étape • TOUR DE FRANCE 2 étapes

Guido CARLESI

Du haut de ses dix victoires, il n'est pas le Seigneur qui a connu les hauteurs les plus admirables. Mais l'Italien a brillé sur le Tour de France 1961, où il terminera dauphin de Jacques Anquetil. Cruel, son surnom – Coppino – soulignait la vague ressemblance physique qu'il partageait avec l'immense Fausto Coppi.

Alex ZÜLLE

GIRO 3 étapes • VUELTA 9 étapes • TOUR DE FRANCE 2 étapes

Comme Tony Rominger, il était un rouleur d'exception. Comme Rominger, il a gagné la Vuelta (1996 et 1997). Comme Rominger, il est Suisse. Comme Rominger, il a terminé la Grande Boucle sur la deuxième marche du podium derrière le roi Miguel Indurain, en 1995. Mais contrairement à son compatriote, Alex Zülle a avoué s'être dopé au cœur des années de plomb.

Michel POLLENTIER

GIRO 1 étape • VUELTA 2 étapes • TOUR DE FRANCE 3 étapes

Que retenir de lui ? Le tricheur, pris la main dans le sac après son succès sur l'Alpe d'Huez (16e étape, Tour 1978) ? Ou le grimpeur de grand talent, équipier modèle de Freddy Maertens ? Celui qui le décrira le mieux sera peut-être Jean de Gribaldy, son directeur sportif : « Il est Belge, petit, chauve, chausse du 46 et pédale de travers. » Ses surnoms laissent imaginer le reste : Quasimodo, le Crapaud ou, comme l'appelait un illustre champion français, Pollentier le Polio.

Longtemps indissociable de son frère Adam, Simon Yates est un grimpeur de haut niveau, offensif et explosif. Plus libre que son jumeau, il a aussi un palmarès plus garni à ce jour : une Vuelta (2018) et dix étapes sur les Grands Tours.

GIRO 6 étapes • VUELTA 2 étapes • TOUR DE FRANCE 2 étapes

Simon YATES

Giovanni BATTAGLIN

Meilleur grimpeur du Tour 1979, sa saison 1981 est sans conteste la plus belle. Cette année-là, l'Italien est vainqueur de la Vuelta puis du Giro, qui s'élançait trois jours après l'arrivée du Tour d'Espagne. Une prouesse que seul Eddy Merckx avait réalisée jusqu'alors.

GIRO 4 étapes • VUELTA 1 étape • TOUR DE FRANCE 1 étape

GIRO 2 étapes • VUELTA 1 étape • TOUR DE FRANCE 4 étapes

Erik **BREUKINK**

Il est l'homme qui a vaincu le Gavia dans une tempête de neige (14ᵉ étape), touchant du doigt une victoire au général du Giro 1988. La carrière du Néerlandais a peut-être été gâchée par un accident : renversé par une voiture en 1993, il ne signera qu'un seul succès parmi ses 43 victoires après ça. Sans plus jamais peser sur les classements généraux des trois Grands Tours.

Hugo **KOBLET**

GIRO 7 étapes • VUELTA 1 étape • TOUR DE FRANCE 5 étapes

Côté palmarès, il est un grand coureur : vainqueur du Giro 1950 en dominant Gino Bartali, et du Tour de France 1951 avec 22 minutes d'avance sur son dauphin… Mais c'est son style qui couronnera le Suisse comme un cycliste immense. Les commentaires de l'époque : « le pédaleur de charme », « la classe à l'état pur », « la plus belle chose qu'on ait vu sur une bicyclette ». Jacques Augendre, pour le mot de la fin ? « Un seigneur. »

GIRO 2 étapes • VUELTA 5 étapes • TOUR DE FRANCE 1 étape

Marino LEJARRETA

L'Espagnol était reconnu pour ses qualités de grimpeur et son endurance impressionnante. Vainqueur sur tapis vert de la Vuelta 1982, il a réussi le tour de force d'enchaîner les trois plus grands Tours nationaux en 1987, 1989, 1990 et 1991. À noter également : le Roseau du Berriz a signé 48 de ses 53 victoires... dans son pays !

GIRO 8 étapes • VUELTA 2 étapes • TOUR DE FRANCE 1 étape

Gilberto SIMONI

Double vainqueur du Giro (2001 et 2003), le Transalpin était un grimpeur de grand talent. Mais son parcours au cœur des années de plomb laisse peu de doute sur sa probité. Contrôlé positif à la cocaïne à deux reprises, il sera blanchi par sa fédération nationale. La faute à des bonbons colombiens de sa tata. Le monde du cyclisme avait préféré en rire.

Miguel María LASA

GIRO 3 étapes • VUELTA 6 étapes • TOUR DE FRANCE 2 étapes

Encore un Basque qui prenait du plaisir quand la route s'élevait. Il a terminé quatre fois sur le podium de la Vuelta. Il était surtout le meilleur grimpeur espagnol d'une génération qui devait tourner la lourde page des Julio Jiménez, Federico Bahamontes ou encore Jesús Loroño.

Julio JIMÉNEZ

GIRO 4 étapes • VUELTA 3 étapes • TOUR DE FRANCE 5 étapes

1,63 m de pure classe. Le Castillan n'était pas taillé pour remporter un Grand Tour. Mais il a brillé sur les trois. Vainqueur de douze étapes et, surtout, de six maillots de meilleur grimpeur (3 sur la Vuelta, 3 sur le Tour), l'Horloger d'Ávila a toujours su être à l'heure pour les grandes batailles. La petite histoire retiendra que c'est lui, le vainqueur de l'étape du puy de Dôme (20e étape, Tour 1964) au milieu du duel mythique entre Jacques Anquetil et Raymond Poulidor.

Dan MARTIN

GIRO 1 étape • VUELTA 2 étapes • TOUR DE FRANCE 2 étapes

Cinq victoires d'étapes sur les Grands Tours, et voilà le Panda irlandais dans la légende. Un panthéon du cyclisme qu'il pouvait déjà légitimement intégrer après ses victoires sur Liège-Bastogne-Liège en 2013 et le Tour de Lombardie en 2014.

Offensif et puncheur, il termine 6ᵉ de la Grande Boucle 2017 malgré des maux de dos épouvantables. Des examens révéleront qu'il a roulé pendant deux semaines avec... une double fracture des vertèbres.

Juan Manuel GÁRATE

GIRO 1 étape • VUELTA 1 étape • TOUR DE FRANCE 1 étape

C'est le plus petit Seigneur imaginable. Une victoire sur le Giro, un succès sur la Vuelta et un dernier sur le Tour de France. Et voilà. Mais comment rêver mieux : on y trouve le plus beau succès imaginable pour un grimpeur, au sommet du Ventoux (20ᵉ étape, Tour 2009).

GIRO 2 étapes • VUELTA 1 étape • TOUR DE FRANCE 1 étape

Rigoberto URÁN

« Rigo » n'est pas le plus beau grimpeur du peloton. Ni le plus offensif. Ni le plus classe. Mais à défaut d'élégance, il aura été malin. Capable de rivaliser avec les cadors en montagne et en chrono, les plus belles performances du Colombien ont été des 2es places : Giro 2013 et 2014, Tour 2017 et JO 2012. Accusé d'avoir vendu la victoire à Alexandre Vinokourov à Londres, sa médaille d'argent n'a peut-être jamais aussi bien porté son nom.

Un grimpeur de talent. Avec ses quatre victoires sur les Grands Tours et quelques places d'honneur sur le Giro, le Colombien était le chaînon nécessaire entre la génération de Fabio Parra et celle de Nairo Quintana.

GIRO 1 étape • VUELTA 2 étapes • TOUR DE FRANCE 1 étape

Oliviero RINCÓN

GIRO 3 étapes • VUELTA 2 étapes • TOUR DE FRANCE 3 étapes

Nairo QUINTANA

Le Colombien aura été l'un des acteurs majeurs du cyclisme des années 2010. Vainqueur du Giro 2014 et de la Vuelta 2016, il a réussi à terminer 2e du Tour en 2013 et en 2015, alors que son équipe semblait entièrement dévouée à Alejandro Valverde. En montagne, c'était peut-être le seul à rivaliser avec Christopher Froome, la machine de l'équipe Sky.

GIRO 1 étape • VUELTA 1 étape • TOUR DE FRANCE 3 étapes

Robert MILLAR

Meilleur grimpeur du Tour de France 1984 et du Giro 1987, l'Écossais se contentera, en dépit de son talent, de cinq petites victoires d'étapes sur les Grands Tours. Timide, souvent à contre-courant du peloton, il a parfois été la victime des choix de ses équipes. Robert Millar a assumé son changement de sexe et d'identité en 2007. Il s'appelle désormais « Pippa » York.

Ion IZAGIRRE

GIRO 1 étape • VUELTA 1 étape • TOUR DE FRANCE 2 étapes •

Ses quatre victoires sur les Grands Tours s'expliquent autant par ses qualités de grimpeur que par son intelligence de course. Le Basque a depuis quelques années pris un virage dans sa carrière : il ne vise plus les places d'honneur sur les classements généraux, mais les victoires. La preuve ? Il a signé dix succès entre 2012 et 2019, contre huit entre 2019 et 2023.

Bernardo RUIZ

GIRO 1 étape • VUELTA 4 étapes • TOUR DE FRANCE 2 étapes •

L'Espagnol était un coureur d'un talent évident et d'une endurance rare. Deux qualités faisant de lui un grimpeur de haut niveau. Vainqueur de la Vuelta 1948, il avait enchaîné douze Grands Tours entre 1954 et 1958. Un record battu seulement en 2015… Du côté de ses victoires : il en signe 37 durant sa carrière, dont 33 rien qu'en Espagne.

SANS OUBLIER...

Laudelino **CUBINO**

GIRO 2 étapes • VUELTA 3 étapes • TOUR DE FRANCE 1 étape

Il est né dans les montagnes, et c'est là qu'il a brillé. Plutôt adepte des victoires en solitaire, il a construit ses six succès sur les Grands Tours en altitude. À son tableau de chasse, son plus beau triomphe sera celui de Luz-Ardiden sur le Tour 1988 (15e étape). Il s'impose ce jour-là avec 6 minutes d'avance sur son dauphin, Gilbert Duclos-Lassalle.

Vicente **LÓPEZ**

GIRO 1 étape • VUELTA 1 étape • TOUR DE FRANCE 3 étapes

Redoutable grimpeur, c'est la dévotion totale du Galicien envers ses leaders qui explique pourquoi, en dépit de son talent et de ses qualités, il ne compte que 30 victoires en carrière. Véritable cheville ouvrière de la formation espagnole Kas, il était le lieutenant de Miguel María Lasa, Francisco Galdós mais, surtout, José Manuel Fuente. Il meurt prématurément au cours d'un match de football, à l'âge de 37 ans.

7

LES TROIS PRINCES

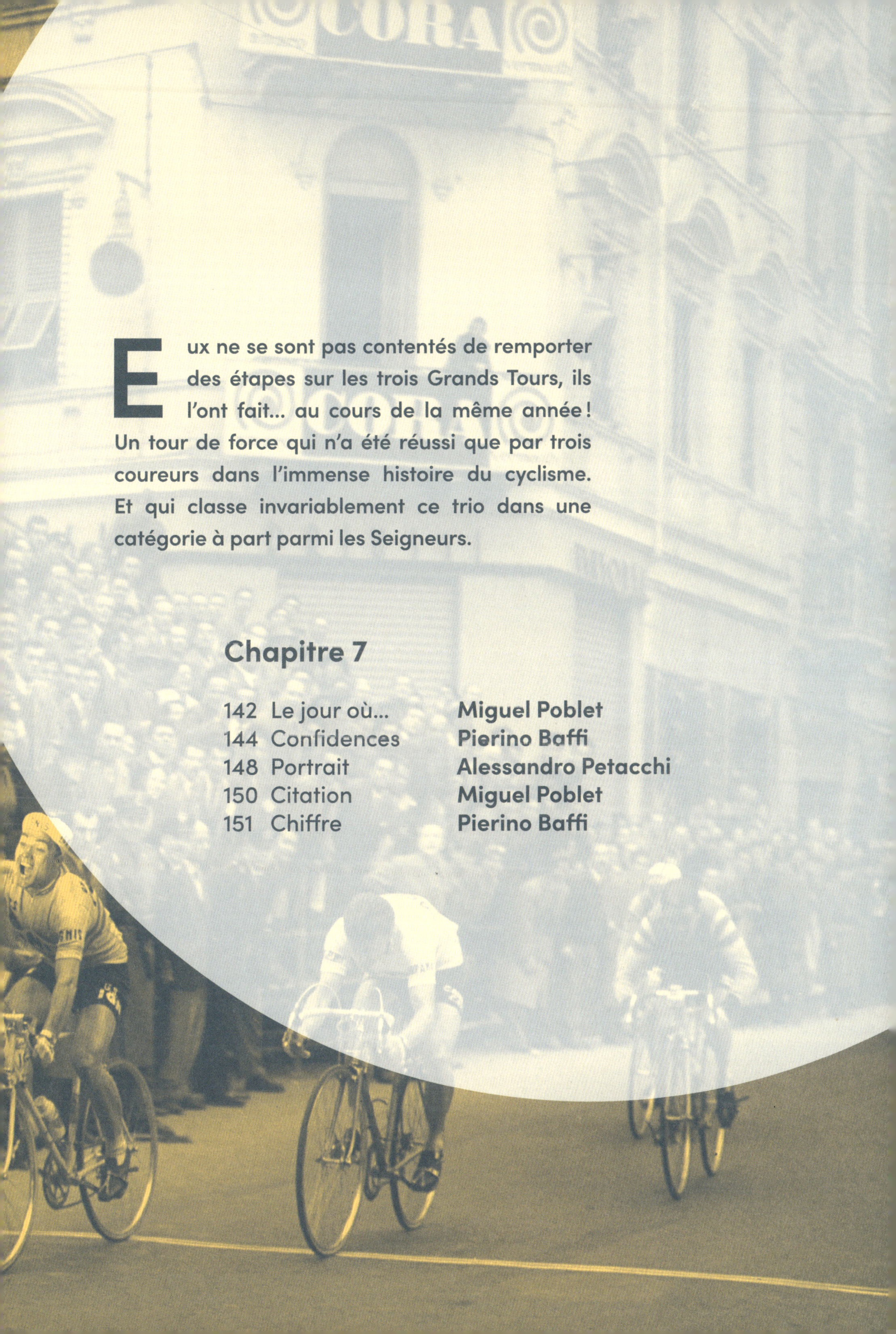

Eux ne se sont pas contentés de remporter des étapes sur les trois Grands Tours, ils l'ont fait… au cours de la même année ! Un tour de force qui n'a été réussi que par trois coureurs dans l'immense histoire du cyclisme. Et qui classe invariablement ce trio dans une catégorie à part parmi les Seigneurs.

Chapitre 7

LE MONARQUE ESPAGNOL

LE JOUR OÙ...

Miguel **POBLET**

EST ENTRÉ DANS L'HISTOIRE

GIRO 20 étapes • VUELTA 3 étapes • TOUR DE FRANCE 3 étapes

Le Tour de France a rarement été aussi ouvert que lors de cette édition 1956. Du côté des favoris, on pointe Federico Bahamontes, Gastone Nencini, Charly Gaul et Jan Adriaensens. Côté tricolore, Raphaël Géminiani, accompagné de François Mahé. Alors, qui triomphera des pentes hexagonales ? Cette incertitude s'accommode d'une autre conviction : pour gagner au sprint, il faudra être très costaud. Au sein de l'équipe de France, André Darrigade est le plus rapide. Dans l'équipe de l'Ouest, un prodige nommé Roger Hassenforder sera tout aussi difficile à battre. Il faudra enfin compter sur le redoutable Suisse Fritz Schär, les Italiens Bruno Monti et Alessandro Fantini, ou encore les terribles sprinters belges Alfred De Bruyne et Gilbert Desmet.

Pourtant, celui que la France redoute le plus est un virtuose espagnol. Miguel Poblet. Le garçon est une incongruité culturelle. Si nos voisins produisent des wagons entiers de grimpeurs géniaux, voilà qu'ils se mettent désormais à fabriquer des sprinters. Et lui n'est pas un coureur comme les autres. On lui attribue 73 victoires en carrière. Rien que cette année, il a levé les bras trois fois sur la Vuelta et à quatre reprises sur le Giro. Mais cette Grande Boucle est une galère pour les grands fauves.

À Liège, Darrigade s'impose en solitaire (1re étape). Puis, à Lille, De Bruyne règle un petit groupe de quatre adversaires (2e étape). Poblet pointe à plus de 10 minutes du maillot jaune après deux étapes de plat. La 3e lui semble plus favorable mais, cette fois encore, à Rouen, l'échappée est plus forte que le peloton et l'Espagnol est à la rue. Et cela se confirme encore à Caen, Saint-Malo, Lorient... Les étapes se suivent et se ressemblent : Poblet n'existe pas.

LE PLUS SOLIDE

Sur la 7e étape qui se termine à Angers, c'est le déclic. Devant, un groupe de 31 coureurs se détache et se joue la victoire. Fantini l'emporte et Roger Walkowiak, l'inconnu de Montluçon, revêt le maillot jaune à la surprise générale. Mais derrière, au sein du peloton qui arrive avec plus de 18 minutes de retard, on va jouer quand même. Un sprint entre spécialistes pour la 32e place de l'étape. Et si Darrigade s'impose, Poblet termine devant tous les autres. Il n'en fallait pas plus pour lui redonner la confiance dont le Catalan manquait. Il peut lutter face aux meilleurs sprinters.

Dès le lendemain, entre Angers et La Rochelle, l'Espagne se révolte !

La performance accomplie par le Catalan en 1956 est totalement inédite.

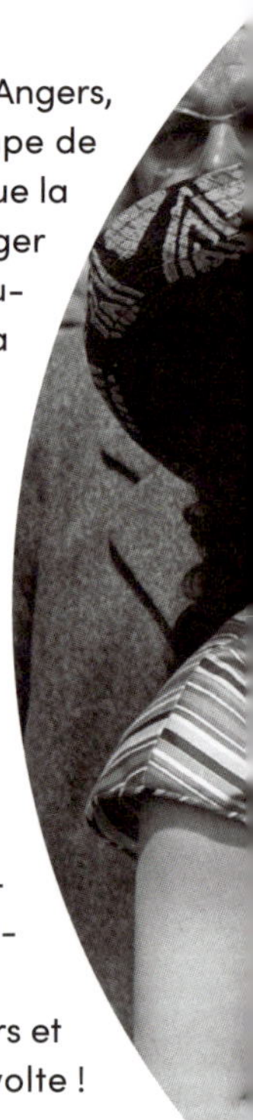

José Gil et Bahamontes attaquent et se détachent. Sous cette impulsion, l'étape est démente. Tour à tour, ils sont des dizaines à tenter leur chance. On a compris depuis longtemps que cette Grande Boucle serait celle des échappées victorieuses. Le coup gagnant finit par se dessiner au terme d'un énorme bras de fer. Dans le groupe, ils ne sont plus que treize, certainement les plus solides. On retrouve Louis Caput, Daan de Groot, Adriaensens, Joseph Thomin ou encore Poblet. Le vent dans le dos, le rythme fou, la chaleur, les attaques : l'étape devait être une formalité, voilà que la compétition perd tout sens commun en Charente-Maritime.

Sur le vélodrome rochelais, le public retient son souffle. Six Tricolores face à sept étrangers. Après une course difficile et éreintante, c'est le plus solide qui va gagner. Au sprint, Poblet vient coiffer Caput et De Groot sur la ligne. Avec ce succès, il entre dans la légende en étant le tout premier à remporter un succès sur les trois Grands Tours durant la même année. Un retentissement... nul. Car les journaux ignorent alors la portée de l'événement, qui ne prendra de l'épaisseur qu'avec le temps. Après cette victoire, étrangement, Poblet ne lèvera plus jamais les bras sur le Tour. La Rochelle pour une première donc, La Rochelle pour une dernière.

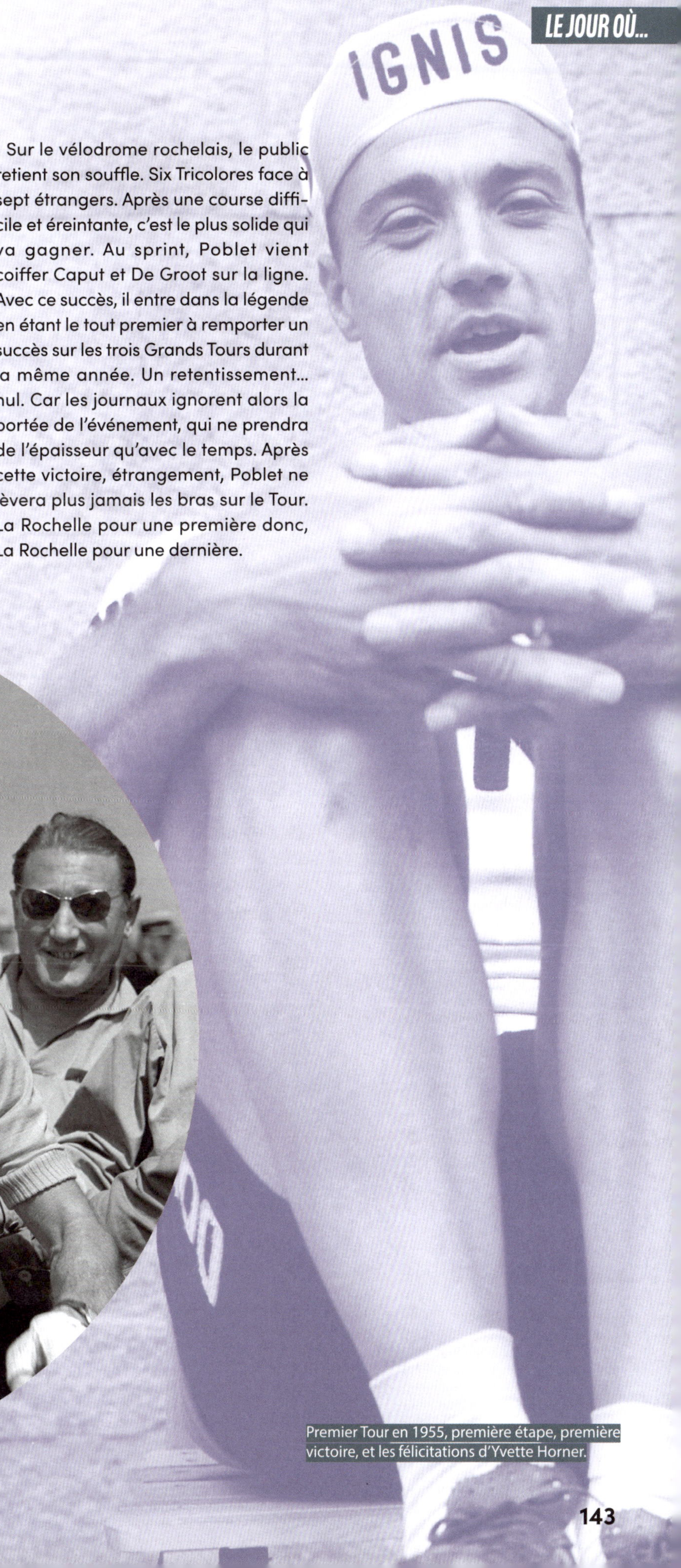

Premier Tour en 1955, première étape, première victoire, et les félicitations d'Yvette Horner.

« C'EST TOTALEMENT INCROYABLE DE RÉUSSIR UNE CHOSE PAREILLE »

CONFIDENCES

Alessandro PETACCHI

GIRO 22 étapes • VUELTA 20 étapes • TOUR DE FRANCE 6 étapes

Alessandro Petacchi est un phénomène. Un prodige. Un monstre qui a battu les plus grands, écrasé le sprint mondial et connu des saisons à 25 victoires. Pourtant, aucune ne lui a été offerte, et aucune n'a été facile. Entre volonté, talent et travail, retour sur la carrière d'un monstre du cyclisme.

Le Seigneur #65 est parvenu à lever les bras de la Vuelta 2000 au Giro 2011.

Savez-vous combien d'étapes vous avez gagnées sur les Grands Tours ?
Oui, j'en ai gagné 53.

Un peu moins : c'est 48 officiellement !
Oui, je sais. Mais j'en ai gagné cinq de plus sur le Giro 2007, où j'ai été suspendu à cause de l'affaire du Salbutamol. Pour moi, j'ai donc gagné 27 étapes sur le Tour d'Italie. Et pas 22.

Votre premier succès sur un Grand Tour, c'est sur la 8e étape de la Vuelta 2000, et seulement votre septième victoire chez les pros !
C'est vrai, j'ai dû attendre l'an 2000 pour gagner ma première étape sur un Grand Tour. J'ai même dû attendre une semaine avant d'avoir ma chance : avec l'équipe, on travaillait alors pour Fabio Baldato.

Vous allez doubler la mise assez rapidement sur ce Tour d'Espagne…
Ce jour-là, l'équipe a roulé pour moi. Je n'étais pas si jeune que ça, j'avais 26 ans. Je commençais à avoir de l'expérience. Pour cette →

12e étape à Saragosse, c'était une arrivée en très légère montée. Ça n'était pas un sprint hyperrapide ou une arrivée spectaculaire, mais ça demandait énormément de force physique. Cette nouvelle victoire m'a donné envie de travailler encore plus. J'ai toujours cherché à m'améliorer en m'entraînant beaucoup.

Il faudra attendre 2003 pour vous voir lever les bras sur le Giro. Dès la 1re étape, vous battez la référence absolue du sprint, Mario Cipollini. Un déclic ?
Pas vraiment : j'avais déjà battu Mario Cipollini en 2002 à Marseille [5e étape, Tour méditerranéen] et en Espagne [2e étape, Tour de Valence]. Mais pas dans un Grand Tour. J'ai dû attendre la 1re étape du Giro 2003, dont l'arrivée se finissait par un sprint. Un moment très important dans ma carrière. D'autant plus que Cipollini était champion du monde en titre. Imaginez : ma première victoire sur le Giro, obtenir le maillot rose, en battant le meilleur du monde. Tout était parfait.

En 2003, vous êtes aussi devenu le troisième et dernier cycliste de l'histoire à gagner des étapes sur les trois grands Tours la même année. En êtes-vous fier ?
Oui, c'est totalement incroyable de réussir une chose pareille. On dit que c'est très difficile de rentrer dans le club des cyclistes qui ont participé aux trois Grands Tours. Encore plus dans le club de ceux qui y gagnent une étape. Et moi, cette année-là, j'ai remporté au moins quatre étapes sur chaque Grand Tour. Cela signifie énormément pour moi !

Mais j'ai un regret : avoir abandonné sur le Tour de France [7e étape]. Après une semaine de compétition, j'étais épuisé et je suis rentré chez moi. Aujourd'hui, je peux reconnaître que c'était une grosse erreur. J'aurais dû rester et tout faire pour gagner cinq ou six étapes, notamment celle sur les Champs-Élysées. Ma saison aurait été encore plus impressionnante.

Cette année 2003 est pourtant folle avec 25 victoires. Une question de force, de talent, de chance ?
Cette année-là, je pense que j'aurais pu gagner 30 courses. C'est monstrueux sur une seule saison. Pour autant, je ne pense pas que ce soit de la chance. La chance, c'est de ne pas tomber, de ne pas avoir d'accident. En revanche, gagner est difficile. Très difficile. Même si tu gagnes autant de courses, même si cela semble simple, il y a toujours beaucoup de stress et beaucoup de responsabilités pour l'équipe qui travaille toute la journée. Donc non, ce n'est pas de la chance, c'est surtout du travail.

Le Transalpin est sur la première marche du podium des plus grands vainqueurs d'étapes sur la Vuelta.

Quinze succès sur les trois Grands Tours en une année, impossible n'est pas Petacchi.

Votre saison 2003 est-elle la plus belle de votre carrière ?
C'est une saison pendant laquelle j'ai beaucoup gagné, mais l'année 2005 est celle où, physiquement, je me suis senti le plus fort. Même en montagne, je me sentais bien. Et puis, j'ai remporté Milan-San Remo et le Tour de Valence, joué le général sur Tirreno-Adriatico [2e, à 9 secondes du vainqueur]. Cette saison est donc plus importante pour moi.
Puis, en 2006, je me suis fracturé la rotule. Une chute stupide qui m'a apporté tellement de problèmes à la jambe gauche... Avec beaucoup de calme et de patience, j'ai réussi à revenir en 2010 sur le Tour et à enfiler le maillot vert. Mais, clairement, je ne me sentais plus aussi fort qu'auparavant. Cette fracture au genou m'a laissé beaucoup de séquelles. Je crois, malgré tout, avoir réussi une belle carrière. [il sourit]

Parmi vos 150 victoires, laquelle compte le plus pour vous ?
Ma victoire sur Milan-San Remo. C'est la compétition dont je rêvais enfant, depuis que j'ai commencé à faire des courses. En plus, elle arrive dans ma région... Un Monument est si difficile à remporter. Tu as une seule chance tous les douze mois. Il faut être à 100 % le jour J. Et la Primavera reste la plus difficile des cinq Monuments parce que tout le monde peut s'imposer. Quand je suis passé pro, je me suis dit que, tôt ou tard, je devais la gagner. À partir de décembre, cette course était dans ma tête. Dès que ma préparation physique commençait, il n'y avait que San Remo qui comptait. Je m'entraînais tout l'hiver en ne pensant qu'à cette course. Tout le programme du début de saison y était consacré. Et ce n'est qu'après que je m'autorisais à penser au Giro. Disons que ma saison, elle se terminait presque à San Remo.

LE SOLDAT MÉCONNU

PORTRAIT

Pierino **BAFFI**

GIRO 4 étapes • VUELTA 4 étapes • TOUR DE FRANCE 5 étapes

Plus équipier que patron, coureur de talent mais sans génie, il ne compte aucune victoire marquante ni aucun succès inoubliable. Pour tout dire, ils sont des milliers à avoir fait mieux. Pourtant, le Taureau de Vailate n'a volé sa place à personne au panthéon du cyclisme. Voici la vie et la carrière de Pierino Baffi, le Seigneur sans histoire.

Tout démarre en 1930, en Lombardie, dans un village nommé Vailate. C'est peut-être cette ville, aux portes des Alpes, qui va forger le courage du garçon. Car ici, les années 1930 ne sont pas celles de l'opulence. Une vie à la dure qu'il va quitter pour une autre vie de forçat. Celle du modeste petit coureur qui gagne sa croûte à la force de ses cuisses. Et ce qu'il n'avait pas dans les jambes, Pierino Baffi l'avait dans les tripes.

Son directeur sportif chez Ghigi, Luciano Pezzi, résumera son poulain en quelques mots : « C'était une personne simple, mais d'une grande générosité. C'est précisément pour cette raison qu'il a gagné moins de courses que ce qu'il aurait pu. Je me souviens de lui pour son large sourire, qu'il n'offrait pas très souvent. Et pour ces signes de souffrance résultant de la douleur de notre sport. Je me souviens également de lui parce qu'il avait conscience que la vie ne vous donne rien si vous ne le méritez pas. »

En 1955, le Lombard ouvre son compteur sur la Vuelta, à Barcelone puis à Valence.

Rapide, généreux, courageux, il sort du lot chez les amateurs. Et même si tout cela lui permet de passer professionnel, assez rapidement, c'est pour être au service de ses leaders. Il devient un *gregario*. Qui, parfois, joue sa carte. C'est le cas sur la Vuelta 1955. Dans l'ombre de Fiorenzo Magni, il répond aux attaques de ses adversaires et se retrouve dans une échappée. La 6e étape se termine à Barcelone, où il domine au sprint Miguel Gual et Vicente Iturat. C'est la première victoire de sa carrière, et elle est sur un Grand Tour. L'Italie ne manquait pas de talents, mais voilà qu'elle vient de se trouver un coureur de plus.

Sur le Giro 1956, le grand départ se fait de Milan, à une trentaine de kilomètres de son village natal. Motivé, il prend l'échappée. Et à Alexandrie, il bat son compagnon, Gianni Ferlenghi, pour s'imposer. Baffi s'empare du maillot rose de leader du Giro. Le premier et le dernier maillot de sa carrière. Lieutenant de Magni, il doit protéger son patron et sacrifie ses chances de gagner de nouveau. Le succès attendra. La légende aussi. Au moins l'année 1957. Sur le Tour de France, Baffi est un peu plus libre. Ce qui va lui sourire. À Besançon, il règle un petit groupe au sprint (8e étape). Il devient le 7e Seigneur de l'histoire.

Reste la saison 1958. Cette fois, le Transalpin n'a plus de réelles obligations. Sur la Vuelta, il triomphe deux fois en solitaire, à Saragosse (3e étape) et à Gijón (14e étape). Puis, sur le Giro, il l'emporte au sprint et en patron sur la 12e étape. Enfin, sur la Grande Boucle, il se mue en finisseur. À Royan, il gagne au sprint (10e étape). Puis, pour une arrivée en duo à Béziers, il domine Jean Dacquay (16e étape). Enfin, à Paris, il évite le drame d'un rien. Dans la dernière ligne droite, André Darrigade percute le secrétaire général du vélodrome du Parc des Princes, Constant Wouters. La chute est terrible. Darrigade s'en sort miraculeusement, mais Wouters, lui, décède à l'hôpital. Baffi s'impose dans l'anonymat d'un stade où personne n'ose fêter ce succès (24e étape).

Pourtant, cette victoire conclut une saison 1958 qui restera dans les annales. Après Miguel Poblet, Baffi est donc le deuxième à lever les bras sur les trois Grands Tours la même année. Mais attention, lui n'a pas fait que gagner, il a terminé les trois Grands Tours 1958. Une performance unique dans l'histoire : aucun autre triple vainqueur n'a eu l'endurance ou le courage pour le faire. Si l'Italien n'était peut-être pas le plus grand Seigneur de l'histoire, il restera surtout dans les mémoires comme le plus vaillant.

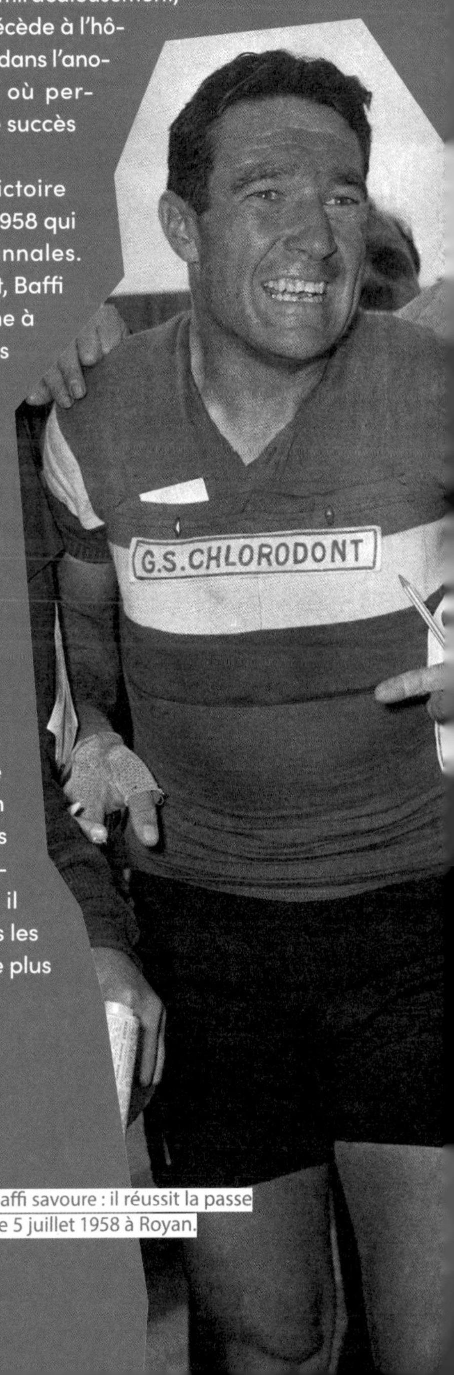

Pierino Baffi savoure : il réussit la passe de trois le 5 juillet 1958 à Royan.

CITATION

Miguel **POBLET**

GIRO 20 étapes • VUELTA 3 étapes • TOUR DE FRANCE 3 étapes •

Le Divin chauve aura mis le temps pour se présenter au départ d'un Grand Tour. Dix ans, en réalité. Si sa carrière débute en 1945, il va attendre la Vuelta 1955 pour tâcher d'y briller. À la question « Pourquoi attendre autant, et vos 27 ans, pour tenter de disputer le Giro, le Tour ou la Vuelta ? », la réponse de Miguel Poblet est simple : « Je crois qu'avant 25 ans, il ne faut pas participer à ces courses. Il faut être très affûté. »

Et comment lui donner tort ? Avec 26 victoires d'étapes en onze participations, le ratio de l'Espagnol est monstrueux. Pourtant, peut-être parce qu'il n'aimait finalement pas beaucoup les courses à étapes, il n'en terminera que la moitié (6 sur 11). Mais peu importe tout compte fait, ses succès valident aussi bien ses choix que ses impasses.

« IL FAUT ÊTRE TRÈS AFFÛTÉ »

Pierino BAFFI

CHIFFRE

GIRO 4 étapes • VUELTA 4 étapes • TOUR DE FRANCE 5 étapes •

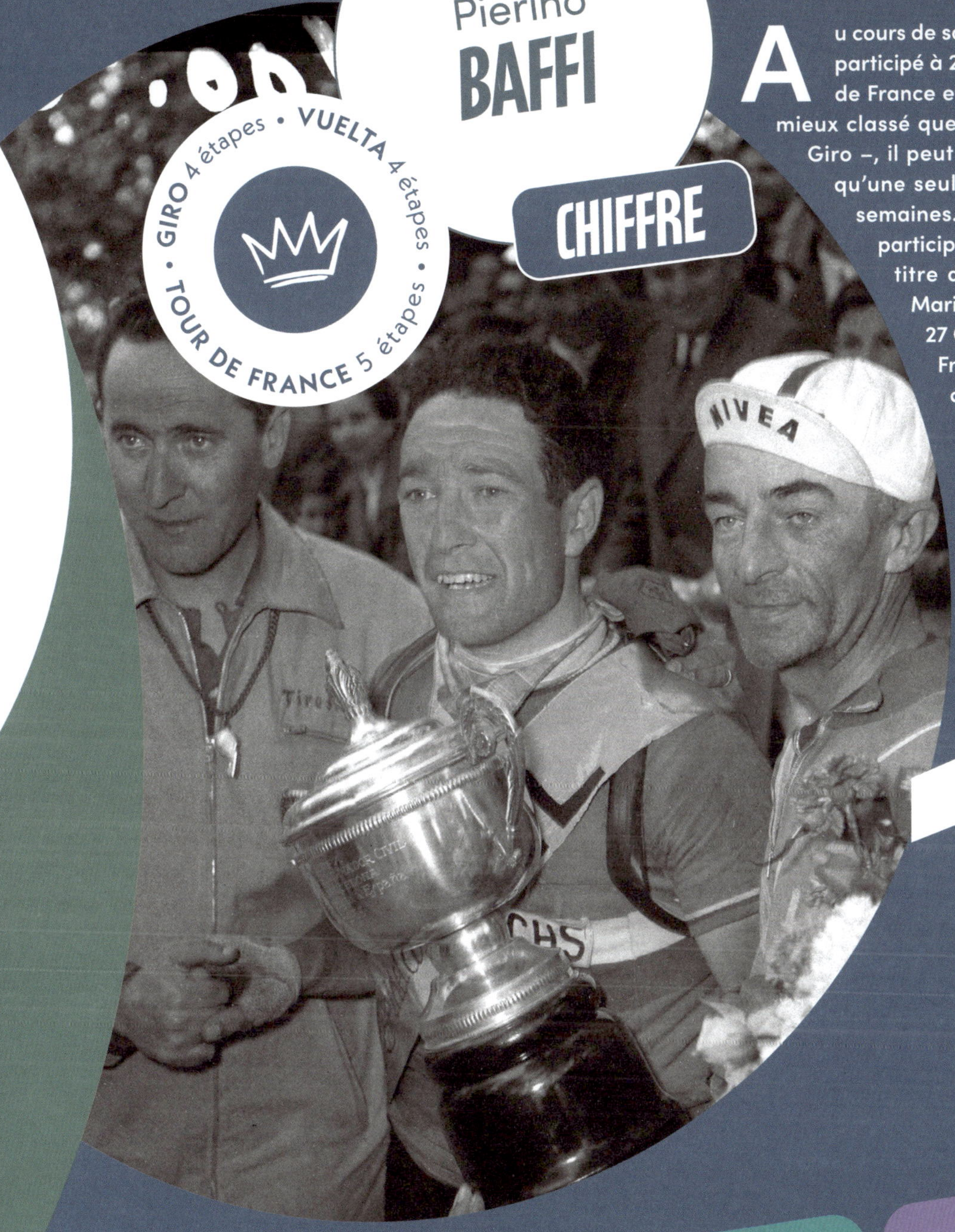

Au cours de sa longue carrière, Pierino Baffi a participé à 20 Grands Tours (12 Giro, 6 Tours de France et 2 Vuelta). Et s'il n'a jamais été mieux classé que 16ᵉ – lors de l'édition 1956 du Giro –, il peut se targuer de n'avoir renoncé qu'une seule fois à ces épreuves de trois semaines. C'était pour sa toute première participation au Tour d'Italie, en 1954. À titre de comparaison, le Transalpin Mario Cipollini, qui a pris le départ de 27 Grands Tours (14 Giro, 8 Tours de France et 5 Vuelta), n'en a terminé que... six.

1

C'EST CADEAU !

Avec quinze victoires d'étapes en une année sur les Grands Tours en 2003 (6 étapes du Giro, 4 étapes du Tour de France et 5 étapes de la Vuelta), l'Italien Alessandro Petacchi reste derrière les 20 succès du Belge Freddy Maertens sur les Grands Tours en 1977 (13 étapes de la Vuelta et 7 étapes du Giro).

L'INFO EN +

Miguel Poblet est un homme de prémices. Il est non seulement le premier Espagnol à avoir revêtu le maillot jaune du Tour de France, après la 1re demi-étape de l'édition 1955, mais aussi le tout premier Espagnol à avoir remporté l'un des cinq Monuments avec sa victoire sur Milan-San Remo en 1957.

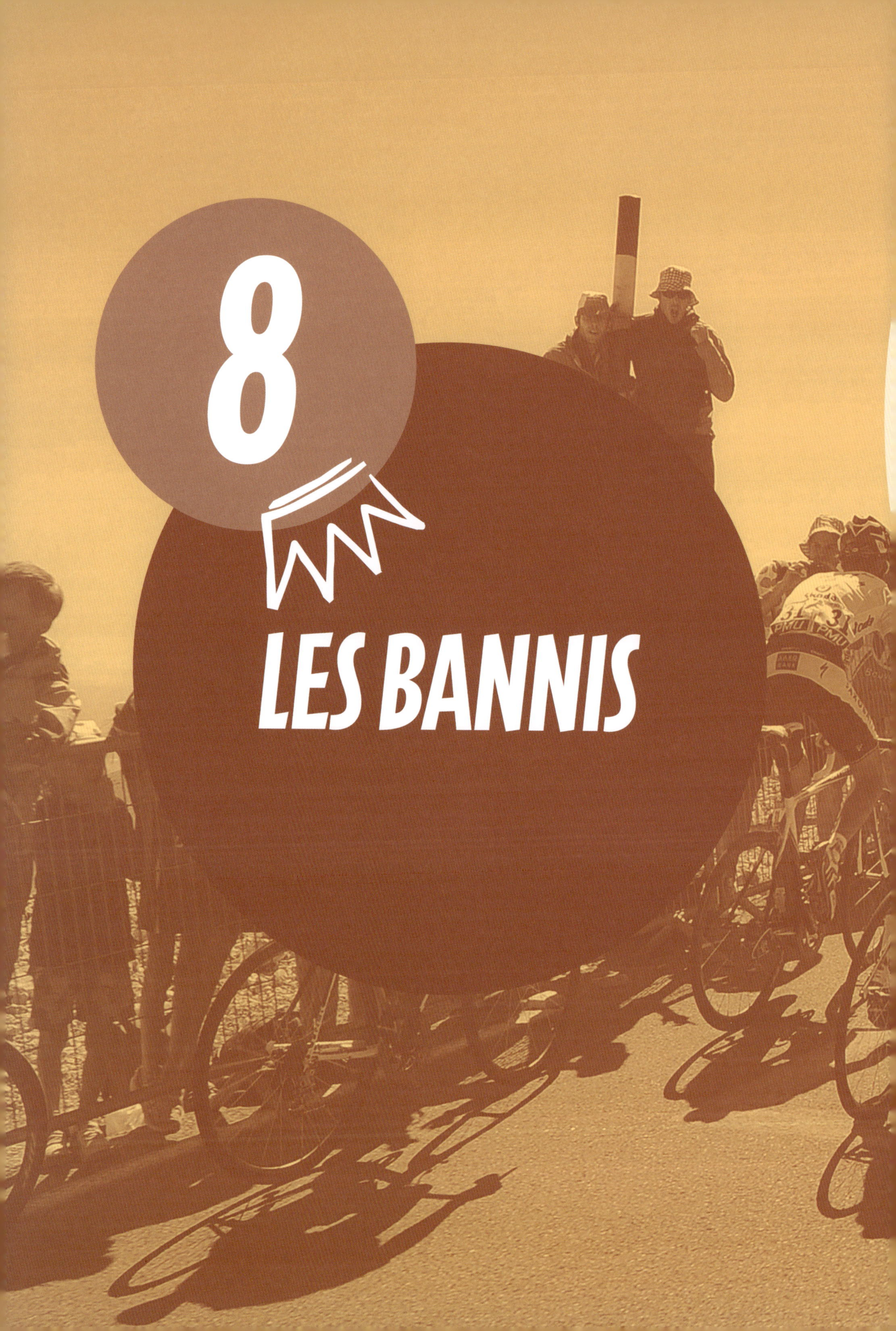

8
LES BANNIS

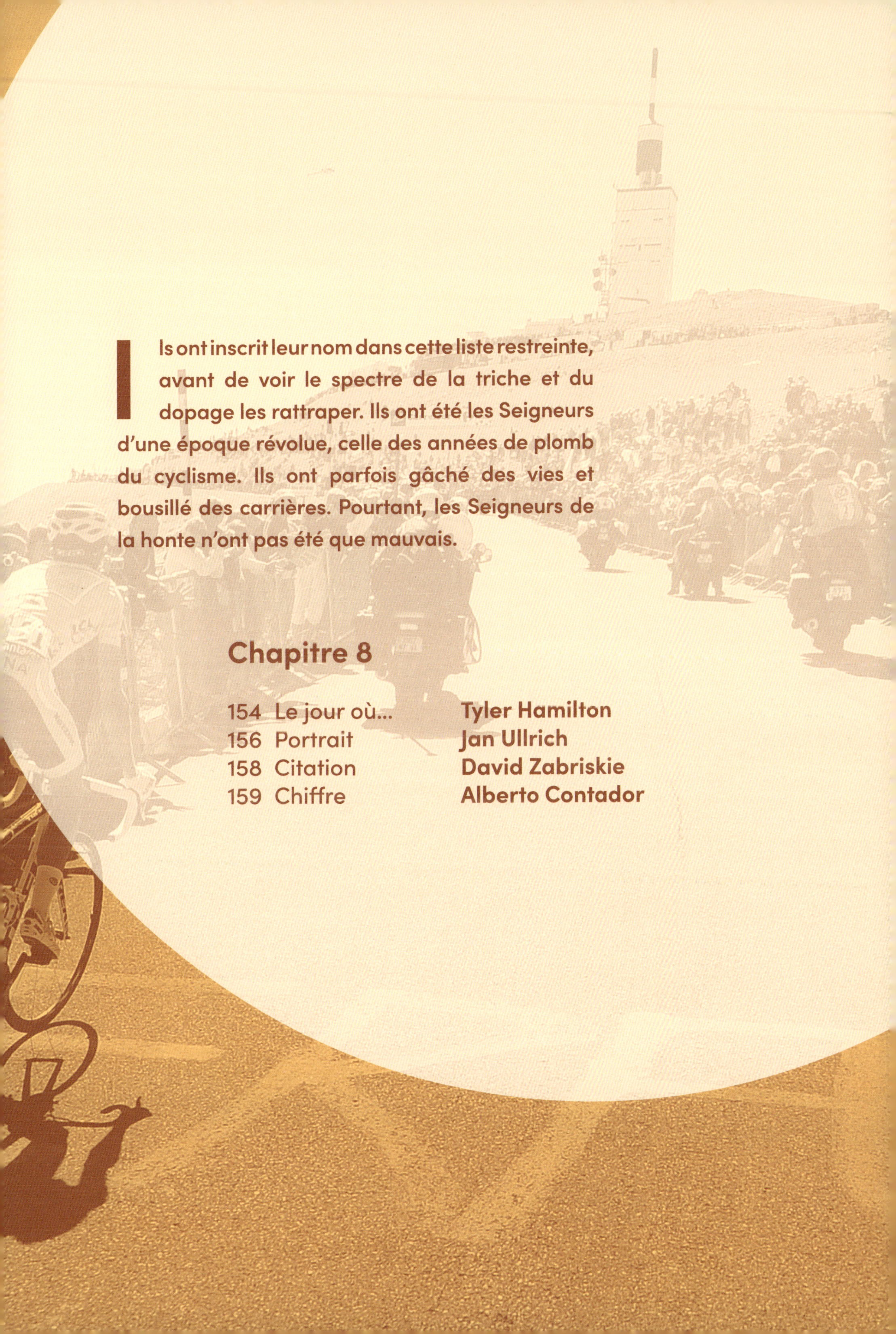

Ils ont inscrit leur nom dans cette liste restreinte, avant de voir le spectre de la triche et du dopage les rattraper. Ils ont été les Seigneurs d'une époque révolue, celle des années de plomb du cyclisme. Ils ont parfois gâché des vies et bousillé des carrières. Pourtant, les Seigneurs de la honte n'ont pas été que mauvais.

Chapitre 8

LE GRAND DÉBALLAGE

LE JOUR OÙ...

Tyler **HAMILTON**

S'EST DÉCIDÉ À TOUT BALANCER

GIRO 1 étape • VUELTA ~~1 étape~~ • TOUR DE FRANCE 1 étape

22 mai 2011, quelque part sur la côte californienne. Le monde du vélo l'ignore, mais il va être frappé par une déflagration sans précédent d'ici quelques minutes. Celui qui va tout faire exploser semble bien inoffensif dans son petit pull bleu duquel dépasse tant bien que mal le col d'une chemise blanche. Il est serein, posé et, pour tout dire, trop propre sur lui. On est loin de l'image d'Épinal du forçat de la route. Mais quelque chose a l'air de clocher. Est-ce le cadre de cette chambre d'hôtel sans âme ? Ou les traits tirés et le teint blafard du protagoniste ? L'immense chronomètre qui sert de générique à l'émission apparaît à l'écran. Ça y est, dans moins d'une minute, la vie de Tyler Hamilton va basculer. Et avec elle, celle du plus grand champion de l'histoire.

L'ex-rouleur a gardé le bénéfice de son seul succès sur le Tour, à Bayonne, en 2003.

Pendant près d'une heure, face à Scott Pelley, le présentateur de la célèbre émission « Minutes » sur CBS 60, Hamilton va tout dire. Oui, il s'est dopé. Oui, il a participé à une vaste organisation, au sein de l'équipe US Postal, visant à tromper les contrôles. Oui, il l'a fait sur le Tour de France, sur le Giro, sur la Vuelta. Oui, il a vu ses coéquipiers le faire. Et oui, parmi eux, il y avait Lance Armstrong. Une heure durant, il va tout reconnaître. L'Américain va saborder son passé et bousiller sa carrière. Une manière d'être certain d'emporter le Texan dans la tombe avec lui. Car tout cela n'a qu'un but : faire tomber Big Tex et mettre enfin un terme au mensonge entourant le come-back du miraculé.

Armstrong, l'objet de tous les fantasmes, septuple vainqueur de la Grande Boucle, qui n'a jamais été convaincu de dopage au cours de sa stupéfiante carrière. Il était même devenu le Boss, un parrain de la mafia cycliste, qui distribuait les bons de sortie et prononçait les mises à mort. Armstrong n'était pas qu'un tricheur. Il était aussi un manipulateur et un provocateur assumé. Face aux doutes permanents, une réponse : « Je n'ai jamais été contrôlé positif. » Et, surtout, un credo : honte à ceux qui ne croient pas à mon histoire miraculeuse d'ex-cancéreux devenu champion. Une fable qui aura duré près de quinze ans, et que Hamilton va démonter en soixante petites minutes.

L'IMPENSABLE

L'ancien équipier raconte d'abord que Armstrong continuait à travailler avec le sulfureux docteur Michele Ferrari. Puis il dévoile l'impensable. Le coureur d'Austin, contrôlé positif sur le Tour de Suisse 2001, aurait payé l'Union cycliste internationale (UCI) pour faire « disparaître le problème ». Cent mille dollars pour perdre l'échantillon. Hamilton détaille aussi l'EPO livrée par FedEx ou DHL, les transfusions, la testostérone, la cortisone, les hormones de croissance, les seringues, le voyage en jet privé pour changer son sang, les téléphones secrets... Tout ça, il l'a fait. Tout ça, Armstrong l'a fait aussi.

Du haut de ses 40 ans, à travers cette émission et par ses aveux, Hamilton renonce à tout ce qu'il est et tout ce qu'il a fait. Il renonce à son titre olympique de 2004, dont il rendra la médaille. Il renonce à ses succès, à son image, à ses admirateurs. Il tourne aussi le dos à une vie de paix. À partir de ce 22 mai, son existence prendra la forme d'une guerre sans merci pour faire tomber le monstre jaune. Un combat qu'il va remporter. En janvier 2013, pressé par les enquêtes de l'agence antidopage américaine (Usada) et lâché par ses ex-complices, Armstrong fera lui aussi son mea-culpa à la télévision. Hamilton est devenu un Seigneur en se dopant. Mais il a fait preuve de noblesse en avouant et en faisant tomber le plus grand tricheur de l'histoire du cyclisme. Quitte à tout perdre.

Avant, les deux Américains étaient copains comme cochons. Mais ça, c'était avant…

HÉROS TRAGIQUE

PORTRAIT

Jan ULLRICH

GIRO ~~1 étape~~ • VUELTA 2 étapes • TOUR DE FRANCE 7 étapes •

L'Allemand avait tout pour être le plus grand de sa génération. Le talent, l'équipe et les produits… Il a pourtant réussi le tour de force d'être profondément antipathique, mais sans jamais être tout à fait détestable. À la fois coupable et victime d'un système.

La carrière de Jan Ullrich pourrait tout à fait se résumer à travers ses Tours de France. Une course qui lui a tout donné, et tout repris. Tout commence en 1996. Miguel Indurain est le favori, mais une équipe va le priver d'un sixième succès de suite : la Deutsche Telekom. Les Allemands décrochent cinq victoires d'étapes, trois maillots distinctifs et les deux premières places du classement général. Ullrich, que le monde découvre, termine 2e et meilleur jeune. Le roi Indurain en personne, battu, adoube le natif de Rostock et affirme qu'il gagnera la Grande Boucle un jour.

Dès l'année suivante, en 1997, Ullrich prend le pouvoir au sein de son équipe. Sur le contre-la-montre de Saint-Étienne (12e étape), puis celui de Marne-la-Vallée (20e étape), il atomise le Tour. Richard Virenque, 2e, termine à près de 10 minutes à Paris. Sur l'Arc de Triomphe, le sponsor de l'Allemand projette son visage accompagné d'une légende : « Bravo Jan, plus que quatre », référence au nombre de Tours qu'il doit encore gagner pour rejoindre Jacques Anquetil, Eddy Merckx, Bernard Hinault et Miguel Indurain. La suite ne sera qu'une longue et interminable descente aux enfers.

D'abord, en 1998, où Marco Pantani renverse l'Allemand. Ullrich a un jour sans : dans la 15e étape, il explose, concède 9 minutes et la victoire finale à l'Italien. Le Tour est plié. Et si l'Allemand renonce sur blessure en 1999 (pour mieux gagner la Vuelta), c'est surtout le début de l'ère Lance Armstrong. L'homme qui va le condamner à un rôle de dauphin.

Le Kayser de Rostock a été sanctionné cinq ans après la fin de sa carrière.

En 2000, ensuite, le Texan profite d'une malheureuse défaillance de son néorival sur les pentes d'Hautacam (10e étape) pour s'imposer à Paris. Ullrich est dépité. À la télévision allemande, il reconnaît avoir perdu la passion. Il lâche, désabusé : « Le cyclisme, c'est mon métier, pas ma passion. » En 2001, rebelote, il est battu par « L. A. ». La défaite de trop… Malgré une grosse préparation et une équipe entière à son service, il est de nouveau écrasé. Alors, Ullrich sombre. Blessé au genou, il se laisse dériver : amphétamines, ecstasy, alcool. Contrôlé positif pendant sa blessure, il est même suspendu six mois par l'UCI. Il quitte la machine Telekom pour une équipe de seconde zone, le Team Coast (futur Team Bianchi). On le croit fini.

Mais cette pause est salutaire. En 2003, cette fois, l'Allemand est prêt. Sans véritable équipe, sans victoire majeure depuis deux ans et malgré une chaleur écrasante… Ullrich le phénix est de retour ! Sur la 12e étape du Tour, il l'emporte enfin. Un contre-la-montre de 47 kilomètres qu'il survole, repoussant son intime adversaire à 1 minute et 36 secondes. Jamais Armstrong n'avait été aussi sèchement battu. Le lendemain, *L'Équipe* titre : « Le retour du prodige ». La France se met presque à apprécier ce Poulidor germanique. Mais le destin du Kayser n'est pas celui d'un héros romantique. Sur le chrono décisif, le leader de la Bianchi tombe dans un virage. C'est terminé. Il ne gagnera plus jamais la Grande Boucle. Pire, Ullrich ne se relèvera jamais de cette chute.

Suivront un nouvel épisode dépressif, l'alcoolisme, la déchéance totale. Puis les affaires, les aveux et les palmarès effacés. Au fond du trou, il reconnaîtra même : « J'ai pris de la cocaïne en masse, j'ai bu du whisky comme de l'eau, jusqu'à être proche de la mort. »

Ullrich aurait dû régner sur le cyclisme pendant dix ans. Il aurait dû tout gagner, tout exploser, effacer des tablettes Bernard Hinault et tous les autres. Il aurait dû, et il aurait pu. Mais vingt ans après, il ne reste d'Ullrich, le cyborg de la Deutsche Telekom, qu'un immense sentiment de gâchis. Il laisse l'image d'un gamin malchanceux, mal dans sa peau, victime d'un système qu'il n'a pas eu la force de combattre. Un homme qui n'aura jamais su tourner la page du dopage, juste pour se donner la chance d'écrire la sienne.

Moment de souffrance sur le chrono organisé à l'Alpe d'Huez, en 2004.

CITATION

David ZABRISKIE

GIRO ~~1 étape~~ • VUELTA ~~1 étape~~ • TOUR DE FRANCE ~~1 étape~~

Véritable symbole d'une génération bousillée, David Zabriskie était un rouleur de grand talent. Mais aussi un tricheur *made in* US Postal, pris la main dans le sac. Et comme tous les coureurs aux capacités rares, la question éternelle : aurait-il été aussi fort sans le dopage ? Interrogé sur son statut potentiel de simple victime d'un système qui le dépasse, l'Américain reste lucide. Touchant même.

« C'était mon choix, malgré tout. Au bout du compte, c'était moi. Personne ne m'a mis un fusil à pompe dans la tronche et ne m'a planté une seringue dans le bras. C'était juste à la table d'un café, avec moi, Johan Bruyneel [le directeur sportif de l'équipe], Michael Barry [un coéquipier] et le médecin. J'étais ce garçon étrange qui essayait de s'en sortir et ils ont aimé l'idée. C'était une énorme pression, mais en regardant en arrière, j'aurais aimé me lever et m'éloigner de cette table en leur disant d'aller se faire foutre. Mais ce n'est pas arrivé. »

À l'arrivée, Zabriskie a participé activement au plus grand système de dopage organisé de l'histoire du cyclisme au sein de l'US Postal. Il est donc logiquement privé de ses succès sur le Tour de France, le Giro et la Vuelta.

« MON CHOIX, MALGRÉ TOUT »

Alberto CONTADOR

CHIFFRE

GIRO ~~2 étapes~~ • VUELTA 6 étapes • TOUR DE FRANCE 3 étapes

Peut-on être à la fois un tricheur condamné et une gloire de son sport ? C'est toute la question morale qu'Alberto Contador pose sur la table des Seigneurs. Car avec ses sept Grands Tours – autant que les champions Fausto Coppi, Miguel Indurain et Chris Froome –, ses 68 victoires en carrière et ses dix succès d'étapes sur le Giro et le Tour, le Pistolero est une légende. Mais avec son Tour de France 2010 et son Giro 2011 effacés pour tricherie, ses équipes aux méthodes systématiquement troubles et son contrôle positif au Clenbuterol, que dire... Qu'il aura à coup sûr marqué son temps. Qu'il aura incarné une époque à la fois déplorable et indélébile. Qu'il n'aura peut-être été qu'un tricheur. Qu'il aura certainement été le panache incarné.

7

C'EST CADEAU !

Le 18 mai 2006, à l'issue du contre-la-montre autour de Pontedera, pour la 11e étape du Giro, Jan Ullrich devient un Seigneur. Mais l'Allemand, déclassé pour dopage en 2012, perdra le bénéfice de sa seule et unique victoire sur l'épreuve italienne. Le retour du bâton...

L'INFO EN +

Il est le cinquième coureur de l'histoire à avoir été éjecté du club des Seigneurs. Contrôlé positif à l'EPO sur le Tour de France 2008, Leonardo Piepoli a été privé de sa victoire à Hautacam (10e étape). Son palmarès revu sur les trois Grands Tours ? Trois étapes sur le Giro et deux étapes sur la Vuelta.

9

LES PAS LOIN

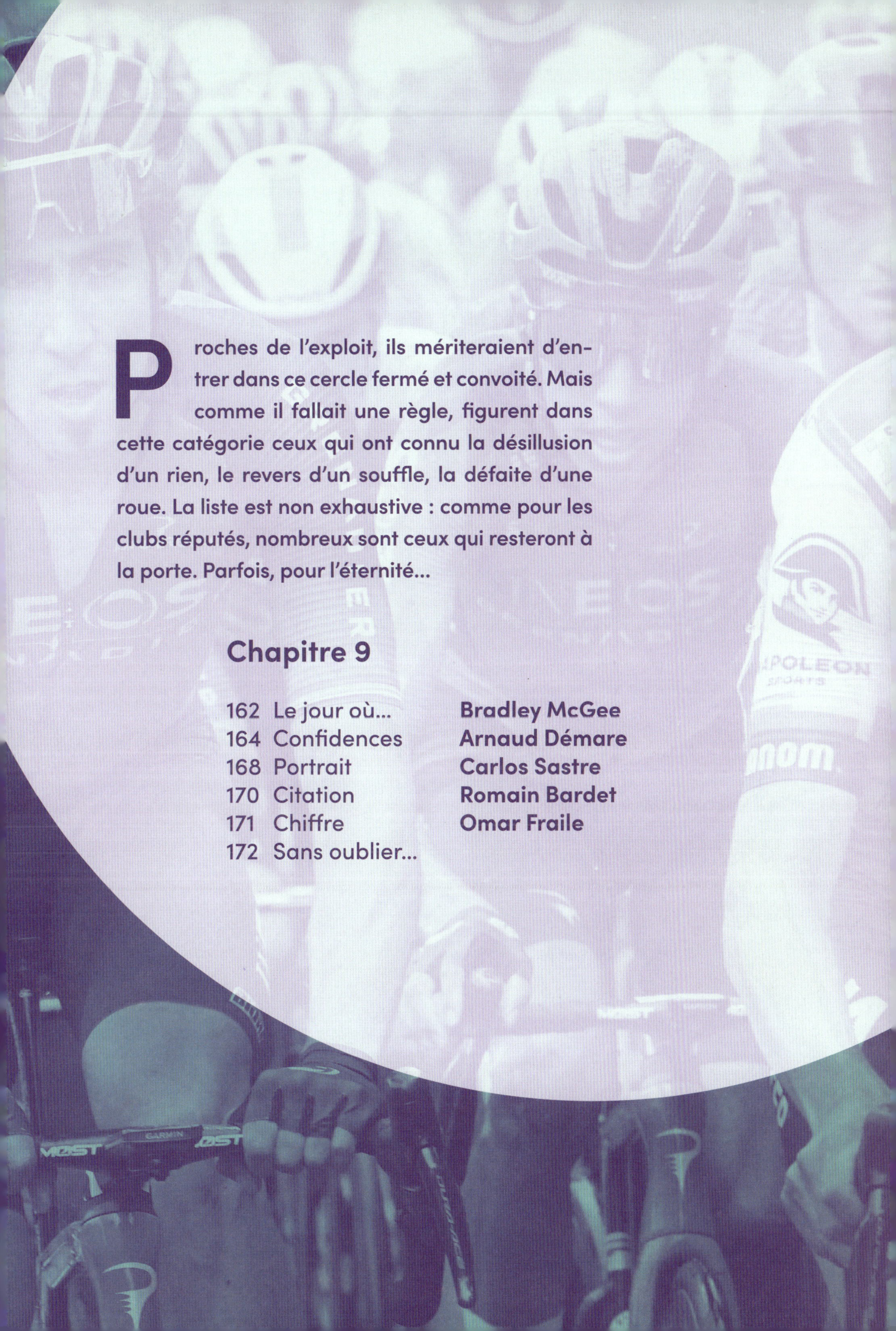

Proches de l'exploit, ils mériteraient d'entrer dans ce cercle fermé et convoité. Mais comme il fallait une règle, figurent dans cette catégorie ceux qui ont connu la désillusion d'un rien, le revers d'un souffle, la défaite d'une roue. La liste est non exhaustive : comme pour les clubs réputés, nombreux sont ceux qui resteront à la porte. Parfois, pour l'éternité...

Chapitre 9

LE JOUR OÙ...

Bradley
MCGEE

A FRÔLÉ L'EXPLOIT

GIRO 1 étape • VUELTA 0 étape • TOUR DE FRANCE 2 étapes

À UN DÉTAIL PRÈS

Ce mois d'août 2005 qui touche à sa fin aura été une fournaise absolue. Le mercure affiche près de 36 °C. Une chaleur plus terrible encore au cœur de l'Andalousie. Pour cette 2e étape, la Vuelta a pris la route de Cordoue. Mais il fait si chaud... Même le Guadalquivir ne peut rafraîchir une région plongée dans la torpeur d'une fin d'été ardente. Et comme si cette contrée n'était pas assez inhospitalière, comme si les efforts pour conquérir la ville n'étaient pas suffisants, les organisateurs ont décidé de faire passer les forçats de la route par le solide Alto de San Jerónimo (8,2 kilomètres à 4,9 % de moyenne).

C'est dans cette rampe que tout se débride. Au milieu des pins et des oliviers sauvages, Leonardo Bertagnolli s'échappe. Ils sont une demi-douzaine à suivre le rythme. Mais l'Italien en remet un coup. Une accélération sur 300 mètres qui fait exploser tout le monde. Tom Danielson, Michele Scarponi et Santiago Botero se relèvent. À 5 kilomètres du sommet, le coureur de la Cofidis compte 15 secondes d'avance. Et rapidement, l'armée ibère se met en marche : Unai Yus, Pablo Lastras, Juan Antonio Flecha, Joaquim Rodríguez, Ángel Vicioso... Sur les neuf poursuivants, huit sont espagnols. Seul un membre du groupe n'est pas né dans la péninsule. L'Australien Bradley McGee. Immédiatement, il endosse la pancarte de favori.

Devant, Bertagnolli vient en effet de fournir un effort important. Au sommet, il conserve 20 secondes d'avance. Mais à quel prix ? Sept kilomètres de montée, seul dans la fournaise. Ici, le serpent de bitume est tortueux, l'ombre rare et le repos impossible. Derrière, McGee décide alors de faire parler sa qualité principale : la puissance. Lui, le rouleur, prend des relais appuyés et fait sauter les Espagnols de sa roue. Presque miraculeusement, il recolle à l'Italien alors qu'il ne reste que 6 000 mètres jusqu'à l'arrivée.

INJUSTICE

À la flamme rouge, McGee tente de faire mal à son adversaire : il prend des relais d'une violence rare. Malgré ça, le coureur de la Cofidis résiste. Voyant que ses efforts sont vains, l'Australien se relève, sûr de sa force au sprint. Il se retourne, observe, bluffe. Bertagnolli n'est pas serein, mais il tente de rester calme. Le petit jeu commence à devenir dangereux, car on devine la légion espagnole tout proche. À 400 mètres de l'arrivée, l'Océanien craque et attaque.

L'Australien va perdre face à l'Italien Leonardo Bertagnolli, déclassé en 2014.

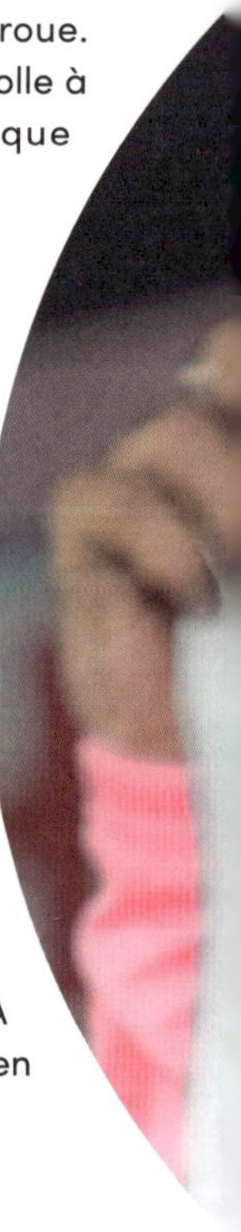

Son concurrent saute dans sa roue. McGee balaye la route de gauche à droite. Les poursuivants sont juste là, à moins de 50 mètres. La ligne se rapproche. Plus que 200 mètres. McGee est en tête le long des barrières. L'outsider transalpin tente de jouer sa carte à fond : il part à bloc et surprend le puncheur aussie. Ce dernier coince, il plafonne, il n'y arrivera plus. Malgré des efforts prodigieux, malgré la supposée supériorité de son rival, malgré la chaleur et le stress, Bertagnolli s'impose dans les rues de Cordoue. Une victoire stupéfiante. Pour une longueur, McGee n'entrera pas dans le club des Seigneurs. Il n'y parviendra jamais.

Comble de la cruauté, l'Italien fera des aveux complets à l'issue de sa carrière, marquée par le dopage, les magouilles et les traitements fantoches prescrits par des médecins tricheurs. En réaction, l'Union cycliste internationale (UCI) annule ses victoires et ses résultats obtenus entre 2003 et 2011. Mais, comme pour balayer une époque abominable sans pour autant l'oublier, on va effacer les noms des vainqueurs sans jamais les remplacer. Officiellement, donc, McGee n'a été battu par personne. Et pourtant, il n'a pas gagné cette étape. Une injustice qui fait de lui le coureur le plus proche d'être un Seigneur… sans jamais l'être.

Deux jours avec le maillot rose en 2004, mais aux portes des Seigneurs à jamais.

« JE ME REVOIS GAGNER À 50 MÈTRES DE LA LIGNE »

CONFIDENCES

Arnaud DÉMARE

GIRO 8 étapes • VUELTA 0 étape • TOUR DE FRANCE 2 étapes

Il est le Français le plus victorieux en activité. Arnaud Démare a touché du doigt le rêve. Pour quelques centimètres, il n'est pas devenu un Seigneur de plus. Après le Giro et le Tour de France, il ne lui reste qu'une victoire à aller chercher sur la Vuelta. Un objectif de plus pour le Picard. Un but, sans être une quête.

Savez-vous combien d'étapes vous avez gagnées sur les Grands Tours ?
[silence] Je dirais… dix. J'ai mis du temps à faire le compte.

Sur ces victoires, laquelle est la plus savoureuse, la plus forte ?
C'est un choix difficile. Parce que cela dépend du moment, de l'émotion, du contexte… La victoire, ce n'est pas toujours de la joie : c'est aussi un soulagement quand tu l'attends beaucoup. Mais ma première sur le Tour à Vittel [4e étape, Tour 2017], en maillot bleu blanc rouge, reste quand même la plus savoureuse. Le Tour est la vitrine de notre sport, c'est une épreuve où il est tellement difficile de remporter une étape. On sait le niveau que cela demande.

En 2018, vous signez votre deuxième succès sur le Tour (18e étape). En tant que sprinter, le doute s'installe-t-il parfois ?
Oui, le doute est obligatoire. Il faut être patient. En 2018, avant d'aller chercher cette victoire, j'ai connu des étapes galère. J'ai passé des moments seul, devant la voiture-balai, avant de pouvoir lever les bras à Pau. À Fontenay-le-Comte, sur la 1re étape, je tombe. À Bagnères-de-Luchon [16e étape], je termine dernier [147e sur 147, à 41 minutes du vainqueur]. Au sommet du col de Portet [17e étape], →

Avec huit étapes empochées, il est le plus prolifique des Tricolores sur le Giro.

je termine devant la voiture-balai. Personne n'y croyait. Le lendemain, je vais chercher la victoire. Celle-là, je la dois à mon abnégation.

J'étais le meilleur des sprinters qui avaient survécu à la montagne. Quand on regarde la liste au départ du Tour à Noirmoutier, puis celle à l'arrivée à Pau, il y a huit sprinters en moins. Mark Cavendish, André Greipel, Fernando Gaviria… Moi, je me suis accroché, alors que j'aurais pu être le premier à la maison. Cette victoire a été un peu dénigrée. On m'a dit : « Oui, y'a plus de sprinter, y'a plus personne… » Mais ça fait partie du vélo d'être encore présent. Le plus difficile, c'était avant ce sprint.

En 2019, cette fois, vous vous imposez pour la première fois sur le Giro…

Pour le travail d'équipe, cette victoire était vraiment top. En matière de vitesse et d'adrénaline, elle était aussi hyperintense. Elle arrive assez tard dans le Giro et, derrière celle-là, il ne restait plus beaucoup de sprints : c'est déjà la 10e étape et je finis aussi 2e le lendemain. L'attente est longue pour un sprinter quand tu ne gagnes pas. Sachant qu'en arrivant sur le Giro, comme j'avais remporté des étapes sur le Tour, dans ma tête, j'allais forcément m'imposer en Italie. Je me disais : « C'est bon, ça va le faire. » Pourtant, les étapes passent et je ne gagne pas. La fatigue s'installe. Malgré tout, j'y arrive.

L'année suivante, sur le Giro 2020, c'est une démonstration : quatre victoires en costaud. L'apogée de votre carrière ?

C'était la période post-Covid. En trois mois, je signe quatorze victoires, quasiment un ratio de victoires d'une course sur trois. C'était exceptionnel. Et puis, j'avais tellement de confiance. Moi ou mon train : personne ne se posait de questions. On prenait des risques, des initiatives. On ne se prenait pas la tête. On faisait les choses sans réfléchir. Parce que le pire, c'est quand tu commences à douter : « Je veux le sprint parfait, je patiente… » Il faut savoir savourer ces moments-là.

Sur la Vuelta 2021, vous manquez de rentrer dans le cercle fermé des Seigneurs. Vous êtes battu d'un souffle par Fabio Jakobsen (4e étape). Y repensez-vous à ce sprint ?

Non, pas du tout. Maintenant qu'on en parle, je me revois d'ailleurs gagner à 50 mètres de la ligne. Et finalement, il arrive dans l'aspiration. Il parvient à me souffler, pfou ! Mais non, cette étape à Molina de Aragón ne m'empêche pas de dormir. Et je n'ai fait qu'une Vuelta. J'y retournerai un jour. C'est un objectif que j'ai dans la tête. Gagner sur les trois Grands Tours, ils ne sont que 106 à l'avoir fait.

S'imposer sur un sprint de la Vuelta, plus qu'une ambition…

C'est comme les 100 victoires ou le quatrième maillot de champion de France : c'est marquer l'histoire du cyclisme. Comme lorsque j'ai appris, après ma huitième étape remportée sur le Giro [13e étape, Giro 2022], que j'étais le seul Français à l'avoir fait [devant Bernard Hinault, avec six étapes et un contre-la-montre par équipes].

Qu'est-ce qui vous fait gagner ?
Je crois que c'est être le 1er. Être devant. Je ne suis pas mauvais perdant, mais j'aime gagner, depuis enfant. Je ne sais même pas comment le décrire. C'est la fierté. Attention, ce n'est pas prétentieux : je travaille pour tout ça. Quand je suis dans le doute, quand je n'arrive pas à faire ce que je veux, je me dis que le travail paye. La victoire est une récompense. Et puis, tout dépend de la période dans laquelle tu es. Des fois, tu as la fierté d'avoir dominé. D'autres, tu as la satisfaction d'avoir bien travaillé. Le vélo est tellement dur que si je ne gagnais pas, je ne vois pas où j'irais chercher mon plaisir. C'est pourquoi j'ai énormément de respect pour mes coéquipiers qui travaillent dans l'ombre. En ayant croisé mon chemin, j'espère d'ailleurs qu'ils ont pu avoir parfois la reconnaissance qu'ils méritaient.

L'ex-champion de France a livré un récital durant le Tour d'Italie 2020.

PORTRAIT

Carlos
SASTRE

GIRO 2 étapes • VUELTA 0 étape • TOUR DE FRANCE 3 étapes

VAINQUEUR MALGRÉ LUI

Carlos Sastre était l'un des plus grands coureurs de sa génération. Mais son ambition n'a jamais été véritablement à la hauteur de son talent. Retour sur la vie d'un homme de l'ombre, qui a connu la lumière sans la réclamer.

Il n'y a qu'à se repasser les clichés, à l'arrivée du Tour de France 2008, pour se rendre compte que Carlos Sastre n'est pas à sa place. Le malaise est total quand les photographes, malicieux, réunissent sur une même photo le vainqueur du Tour et ses deux coéquipiers, Andy et Fränk Schleck. Le visage de l'Espagnol ne peut cacher la gêne. Car lui n'était pas destiné à remporter l'épreuve hexagonale.

Au départ de cette Grande Boucle, et comme depuis toujours, Sastre est un lieutenant. Ses ambitions sont simples : aider ses leaders au maximum, sans jamais donner l'impression cependant de pouvoir les surclasser. Il doit rester à sa place, à l'ombre des géants. Il faut dire que le Castillan a l'habitude : il a évolué dans celle de Laurent Jalabert, d'Ivan Basso, de Joseba Beloki, de Tyler Hamilton ou encore... des frères Schleck. Ils sont l'avenir du cyclisme. Et le présent du Tour de France.

À cinq reprises sur la Vuelta, le Castillan va terminer derrière le vainqueur. Cruel.

À l'issue des premières étapes de ce Tour 2008, le doute s'installe pourtant : le modeste Ibérique devance son leader, Fränk, et le prodige annoncé, son cadet, Andy Schleck. Les écarts sont infimes, mais ce n'était pas le plan. Que faire du grimpeur espagnol ? Pas de panique, le Team CSC fera les comptes après les Pyrénées... Malgré Peyresourde, le col d'Aspin, le Tourmalet et Hautacam, Sastre est néanmoins toujours dans le coup.

Pire : à l'aube de la dernière semaine, ils sont encore six coureurs dans la même minute au général. Résultat, Bjarne Riis, le patron de l'équipe, convoque ses deux meilleures cartes ; l'aîné des Schleck, alors leader de la Grande Boucle, et Sastre, qui ne pointe qu'à 49 secondes. Riis raconte : « J'ai réuni les deux dans ma chambre et je leur ai dit : "Si vous voulez gagner le Tour, il faut que l'un de vous soit prêt à se sacrifier pour l'autre." »

La 17e étape sera donc le théâtre de cette offrande. Dans l'interminable montée de la Croix-de-Fer (29,3 kilomètres à 5,2 % de moyenne), les équipiers du maillot jaune montent à fond. Avant l'ultime ascension, ils ne sont plus qu'une dizaine. Alors, au pied de l'Alpe d'Huez, Sastre attaque ! L'écart monte vite : 45 secondes, 1 minute, puis 1 minute et 30 secondes.

Le maillot jaune glané en 2008 est un bon lot de consolation malgré tout.

Derrière, c'est la panique. Le Castillan est un homme seul. Un homme libre aussi. Personne n'arrive à suivre. Et quand le lieutenant de luxe coupe la ligne, la réalité dépasse le rêve. Il gagne l'étape et prend le maillot jaune. Le Tour est plié... La première et la dernière grande victoire de Sastre.

Deux choses sont à noter : la première, c'est qu'au cœur des pires années du cyclisme, Sastre n'a (à ce jour) pas été inquiété par des affaires de dopage. Don Limpio (Monsieur Propre) est peut-être le vainqueur moral des Tours de France 2002 et 2004, des Vuelta 2004, 2005, 2006, 2007 et 2008, et du Giro 2009. À chaque fois, il a été dominé par des coureurs impliqués et suspendus dans des affaires de dopage. Sastre pourrait donc revendiquer non pas une, mais neuf victoires sur les Grands Tours.

La deuxième, c'est que, malgré son talent, le natif de Leganés n'a jamais su remporter une étape sur la Vuelta. Il terminera cinq fois à la 2e place d'une étape. La plus terrible étant, sans conteste possible, sa place de dauphin sur la 2e étape du Tour d'Espagne 2003. Battu d'un souffle, Sastre restera aux portes de la légende. Peut-être parce qu'il n'aura jamais voulu faire d'histoires.

CITATION

Romain BARDET

GIRO 0 étape • VUELTA 1 étape • TOUR DE FRANCE 3 étapes

Par deux fois, Romain Bardet a cru tenir la victoire qui lui faisait défaut pour devenir un Seigneur. La plus cruelle, assurément, est la dernière en date. Sur la 9e étape du Giro 2022 et la terrible montée du Blockhaus, le Tricolore est avec les cadors. Dans les derniers hectomètres, ils sont six à se jouer la victoire. À 150 mètres de la ligne, Jai Hindley démarre le long des barrières. Bardet, lui, sort du dernier virage avec environ 8 mètres de retard. Entre lui et le leader provisoire, Domenico Pozzovivo et Richard Carapaz se sont intercalés. Seulement, l'Italien explose et fait un trou. Bardet s'arrache. Plus que 50 mètres. Hindley s'accroche. Tout le monde est à bloc, en apnée. Le Français revient. Allez Romain ! Le temps est suspendu.

Et tout s'arrête. Hindley lève les bras. Bardet est 2e pour quelques centimètres. À l'arrivée, discours sombre du héros de l'amer : « J'ai fait une erreur dans le dernier virage. Et ces quelques centimètres, ce sont ceux qu'il me manque à l'arrivée. J'étais le plus rapide au sprint. J'ai voulu prendre la roue de Carapaz et Hindley a pris trois longueurs dans le virage. Je ne pensais pas que c'était aussi court après ça. C'est rageant. »

« J'AI FAIT UNE ERREUR »

Omar **FRAILE**

GIRO 1 étape • VUELTA 0 étape • TOUR DE FRANCE 1 étape •

0

CHIFFRE

Tous les paradoxes des Seigneurs résident presque dans le cas Omar Fraile. Car si le grimpeur espagnol n'entrera probablement jamais au panthéon du cyclisme, il a quand même frôlé la légende. Lors de la 7e étape de la Vuelta 2020, dans son Pays basque natal, il échoue à 4 secondes du Canadien Michael Woods. Ce n'est pas le plus petit écart pour un Seigneur prétendant, mais il aurait signé ce jour-là sa septième victoire professionnelle, avec un succès sur chacun des Grands Tours. Du rarement vu. Depuis, l'Ibérique ne s'est plus approché d'une victoire majeure. Quatre secondes, une éternité.

4

C'EST CADEAU !

Il ne manquait qu'une victoire d'étape sur le Tour d'Espagne à l'immense Miguel Indurain pour rejoindre le club. En sept participations, il ne fera jamais mieux que 2e : sur le prologue du Tour d'Espagne 1985 – à 8 secondes du vainqueur ! –, puis sur le contre-la-montre de la 19e étape de l'édition 1991.

L'INFO EN +

Sur la 18e étape du Tour de France 2020, quand Michał Kwiatkowski et Richard Carapaz arrivent bras dessus bras dessous à La Roche-sur-Foron, c'est le Polonais qui est donné vainqueur. Dommage pour l'Équatorien, passé à un boyau des Seigneurs avec cette victoire d'étape sur la Grande Boucle...

GIRO 0 étape • VUELTA 2 étapes • TOUR DE FRANCE 1 étape

Robert **HUNTER**

Dauphin du tout jeune Edvald Boasson Hagen sur la 7e étape du Giro 2009, le Sud-Africain est passé tout proche de la légende. Il se consolera en restant pour l'éternité le premier Africain à avoir remporté une étape du Tour de France, en 2007 (11e étape). Un sprinter de talent qui aurait eu sa place à la table des Seigneurs.

Matthew **GOSS**

Cheville ouvrière du train HTC-Columbia, puis rouleur émérite d'Orica-GreenEDGE, l'Australien a gagné sur les trois Grands Tours. Mais il n'a remporté des étapes individuelles que sur le Giro. Sur le Tour de France et la Vuelta ? Il se contente de succès collectifs (contre-la-montre par équipes) et de places d'honneur.

GIRO 2 étapes • VUELTA 0 étape • TOUR DE FRANCE 0 étape

GIRO 0 étape • VUELTA 2 étapes • TOUR DE FRANCE 2 étapes

Warren BARGUIL

« Wawa » y a cru en 2023. Vainqueur sur la Vuelta 2013 (13ᵉ et 16ᵉ étapes) et le Tour 2017 (13ᵉ et 18ᵉ étapes), le Breton s'était lancé un défi en s'alignant pour la première fois sur le Giro. Cruel, il prend la 3ᵉ place de l'une des dernières étapes de montagne, à Val di Zoldo (18ᵉ étape). Mais le grimpeur français n'a peut-être pas tourné la page des Seigneurs...

Le grimpeur n'aura pas à regretter son absence de statut dans ce livre. Parce que, comme d'autres, il a gagné sur tous les Grands Tours (au moins par équipes). Ensuite, parce que sa place dans l'histoire est assurée par sa victoire au général du Giro 2012, faisant de lui le premier et le seul Canadien vainqueur d'un Grand Tour. Et, enfin, parce que l'ancien coureur de VTT n'a remporté que cinq courses dans sa vie en individuel.

Ryder HESJEDAL

GIRO 0 étape • VUELTA 2 étapes • TOUR DE FRANCE 0 étape

C'est peut-être celui de cette liste qui en était le plus proche. Déjà vainqueur sur le Tour de France et sur la Vuelta, il prend la 2e place sur la 4e étape du Giro 2015. Pire encore, en 2023, sur la 6e étape à Naples, il s'échappe dès le matin. Mais une mésentente avec Alessandro De Marchi condamne le duo. Après trois heures et quarante-cinq minutes de course, ils sont finalement repris à 200 mètres de la ligne par le peloton.

Simon CLARKE

GIRO 0 étape • VUELTA 2 étapes • TOUR DE FRANCE 1 étape

Erik ZABEL

GIRO 0 étape • VUELTA 8 étapes • TOUR DE FRANCE 12 étapes

Meilleur sprinter sur la Grande Boucle de 1996 à 2001 – où il remporte douze étapes –, meilleur sprinter du Tour d'Espagne de 2002 à 2004 – où il décroche huit succès –, quadruple vainqueur de Milan-San Remo (1997, 1998, 2000 et 2001), l'Allemand a tout gagné. Tout, sauf une étape sur le Giro. En Italie, Zabel ne va pas échouer d'un rien une fois… mais trois ! Par deux fois sur le Tour d'Italie 2005 (15e et 20e étapes) et à une ultime tentative en 2008 (3e étape). Ses bourreaux ont toujours été des Transalpins : Alessandro Petacchi par deux fois et Daniele Bennati pour la dernière.